山东管理学院企业创新管理研究中心研究成果

第三方开放式创新平台信任与创新能力提升

周 蕊 陈佳丽 ◎ 著

经济管理出版社
ECONOMY & MANAGEMENT PUBLISHING HOUSE

图书在版编目（CIP）数据

第三方开放式创新平台信任与创新能力提升/周蕊，陈佳丽著. —北京：经济管理出版社，2018.12
ISBN 978-7-5096-6273-1

Ⅰ.①第… Ⅱ.①周…②陈… Ⅲ.①企业创新—研究 Ⅳ.①F273.1

中国版本图书馆 CIP 数据核字（2018）第 288127 号

组稿编辑：何 蒂
责任编辑：何 蒂 杜弈彤
责任印制：黄章平
责任校对：张晓燕

出版发行：经济管理出版社
（北京市海淀区北蜂窝 8 号中雅大厦 A 座 11 层　100038）
网　　址：www.E-mp.com.cn
电　　话：（010）51915602
印　　刷：三河市延风印装有限公司
经　　销：新华书店
开　　本：720mm×1000mm/16
印　　张：12.50
字　　数：160 千字
版　　次：2018 年 12 月第 1 版　2018 年 12 月第 1 次印刷
书　　号：ISBN 978-7-5096-6273-1
定　　价：42.00 元

·版权所有　翻印必究·
凡购本社图书，如有印装错误，由本社读者服务部负责调换。
联系地址：北京阜外月坛北小街 2 号
电话：（010）68022974　　邮编：100836

前　言

随着知识增长与更新速度的加快,企业面临的由技术和产品的生命周期缩短带来的研发压力越来越大。原有的封闭式创新已不再适应复杂多变的经济形势和市场压力环境,企业由封闭式创新(Close Innovation)逐渐向"走出去"的开放式创新(Open Innovation)转变。在"互联网+""平台战略"趋势的推动下,企业开放式创新与互联网技术深度融合,形成了基于互联网的虚拟协作创新环境——开放式创新平台(Open Innovation Platform,OIP)。作为一种新兴的开放式创新应用模式,开放式创新平台在业界受到众多企业的追捧和积极践行。近年来,为企业提供开放式创新服务的基于互联网的第三方开放式创新平台(简称第三方OIP)逐渐兴起,为企业提供创意搜寻、发布、交易、孵化等服务,如美国制药名企礼来公司的InnoCentive、海尔的HOPE、橡胶谷的众研网等平台。

尽管第三方开放式创新平台已经吸引了众多企业,取得了较好的社会效益,但是也存在诸多阻碍平台进一步发展的问题。由于我国知识产权保护体系尚待完善,开放式创新交易机制未形成规范,所以,企业对于和第三方开放式创新平台的合作存在诸多顾虑,如创新交易效率不高、供应方的投机行为等,这些问题阻碍了双方的合作,不利于第三方开放式创新平台的发展。我国第三方开放式创新平台的诞生与发展，在管理模式上明显不同于发达国家。这种显著特征在第三方开放式创新平台发展之初有力地推动了我国的技术流通、转移、转化和开发，但随着我国社会主义市场经济体制的建立，尤其是科技体制改革的不断深入，这种管理模式成为我国科技发展，尤其是国家创新体系建设的瓶颈因素。

信任是创新能力提升的理论基础，没有企业对第三方开放式创新平台的信任，第三方开放式创新平台的创新能力也不会形成，更无从谈及创新能力的提升。本书在开放式创新时代的研究背景下（第一章），首先详细介绍了开放式创新平台和第三方开放式创新平台（第二、第三章）的相关内容，其次探讨了企业对第三方开放式创新平台的信任问题（第四、第五章），在此基础上，探讨了如何提升第三方开放式创新平台的创新能力（第六、第七章）。全书为我国第三方开放式创新平台的运营方运用互联网平台提升创新力，通过资源编排提升信任力提供了新的视角与可行的思路。

本书系山东省社科规划青年学者重点培养计划专项课题（17CQXJ10）和山东管理学院企业创新管理研究中心的研究成果。本书第一、第二、第三、第四、第五、第七章由周蕊负责，第六章由陈佳丽负责。特别感谢山东大学管理学院戚桂杰教授和张玉明教授对本书写作的指导，也感谢同门硕士王玉洁在案例资料和图表整理上的协助。

本书可供高校学生、科研人员、管理者参考，也适合企业高管、技术创新部门管理人士阅读。

目 录

第一章 新时代呼唤开放式创新 ·· 1

    第一节 开放式创新 ·· 2
        一、开放式创新简介 ·· 2
        二、开放式创新模式 ·· 4

    第二节 开放式创新过程 ·· 6
        一、创新过程阶段 ·· 6
        二、不同阶段的开放式创新 ·· 7

    第三节 基于互联网的开放式创新——开放式创新平台 ············· 9
        一、开放式创新平台的内涵 ·· 9
        二、开放式创新平台与其他概念的辨析 ··································· 11

第二章 开放式创新平台 ·· 15

    第一节 开放式创新平台的要素 ·· 16
        一、开放式创新平台四要素 ·· 16
        二、开放式创新平台创新路径及过程 ····································· 17

第二节 开放式创新平台的特征 …………………………………… 18
一、互联网平台 …………………………………………………… 18
二、服务于企业创新 ……………………………………………… 19
三、开放性 ………………………………………………………… 19
四、参与方式灵活多变 …………………………………………… 19

第三节 开放式创新平台的现状 …………………………………… 20
一、众包平台模式 ………………………………………………… 20
二、在线社区模式 ………………………………………………… 21
三、开放式创新中介平台模式 …………………………………… 22
四、不同平台模式的对比 ………………………………………… 23

第四节 开放式创新平台的分类 …………………………………… 25
一、企业自建开放式创新平台 …………………………………… 25
二、第三方开放式创新平台 ……………………………………… 26

第三章 第三方开放式创新平台已成主流 ……………………………… 29

第一节 中国第三方开放式创新平台服务现状 …………………… 30

第二节 国外第三方开放式创新平台案例解析 …………………… 34
一、InnoCentive 平台简介 ………………………………………… 34
二、InnoCentive 网站介绍 ………………………………………… 35
三、InnoCentive 实现的信任机制 ………………………………… 41

第三节 中国第三方开放式创新平台实例 ………………………… 45
一、众研网平台简介 ……………………………………………… 45
二、众研网网站介绍 ……………………………………………… 48
三、以 TOE 模型看众研网建立的影响因素 …………………… 55

第四节 国内外第三方开放式创新平台对比分析 ………………… 58

一、平台战略使命对比 …………………………………… 58
　　二、业务流程对比 ………………………………………… 59
　　三、平台用户信息对比 …………………………………… 61
　　四、项目/任务信息对比 …………………………………… 62
　　五、沟通/交互方式对比 …………………………………… 64
　　六、国内外第三方开放式创新平台的差异原因分析 …… 65
　　七、基于IT应用的国内第三方开放式创新平台对策分析 …… 73

第四章　信任是第三方开放式创新平台的发展瓶颈 ………… 76

第一节　第三方开放式创新平台发展的瓶颈问题 ………… 77
第二节　信任对第三方开放式创新平台的影响 …………… 81
　　一、组织间信任 …………………………………………… 81
　　二、企业对第三方开放式创新平台的信任 ……………… 84
第三节　企业对第三方开放式创新平台的信任演化过程 …… 84
　　一、研究设计 ……………………………………………… 84
　　二、第三方开放式创新平台的业务阶段划分 …………… 86
　　三、第三方开放式创新平台的业务阶段与资源编排 …… 87
　　四、企业对第三方开放式创新平台的信任演化过程分析 …… 89
　　五、企业对第三方开放式创新平台的信任演化过程总结 …… 96

第五章　增进企业对第三方开放式创新平台的信任 ………… 100

第一节　增进企业对第三方开放式创新平台信任的必要性 …… 100
第二节　企业对第三方开放式创新平台的信任影响因素 …… 102
　　一、组织间信任的内涵和维度 …………………………… 102
　　二、企业对第三方开放式创新平台信任的影响因素 …… 103

第三节 信任影响因素理论模型及检验 …………………………… 105
    一、信任影响因素的理论模型构建 ………………………… 105
    二、信任影响因素理论模型的实证检验 …………………… 110
第四节 企业对第三方开放式创新平台的信任增进路径 ………… 119

第六章 第三方开放式创新平台创新能力构建及演进 …… 121

第一节 第三方开放式创新平台创新能力的内涵 ………………… 122
    一、创新中介与创新中介能力 ……………………………… 122
    二、第三方开放式创新平台的创新能力 …………………… 123

第二节 第三方开放式创新平台创新能力构建及演进的
        理论基础 ………………………………………………… 124
    一、资源编排理论 …………………………………………… 124
    二、基于资源编排的创新能力构建 ………………………… 125

第三节 第三方开放式创新平台创新能力构建及演进的
        内在机理 ………………………………………………… 125
    一、单案例纵向研究设计与方法 …………………………… 126
    二、案例分析 ………………………………………………… 129
    三、案例发现——第三方开放式创新平台创新能力构建及
        演进的内在机理 ………………………………………… 143

第四节 第三方开放式创新平台创新能力提升对策 ……………… 144
    一、基于平台的资源编排是创新能力构建的关键 ………… 144
    二、资源编排的改进是创新能力演进的动力 ……………… 145
    三、开放式创新平台与创新中介组织策略相匹配 ………… 146
    四、第三方开放式创新平台的设计 ………………………… 147

第七章　对策及建议 ················· 148

第一节　对第三方开放式创新平台建设方的建议 ········· 148
一、充分使用大型企业资源 ················· 149
二、依托专业管理运营团队 ················· 150
三、开展专业品牌宣传推广 ················· 151
四、注重知识产权隐私保护 ················· 152
五、建立完善奖励体系 ··················· 153
六、完善市场运作协调机制 ················· 155
七、驾驭文化氛围的驱动力 ················· 156

第二节　对中小企业利用第三方开放式创新平台的建议 ······ 157
一、中小企业在创新方面的问题与局限性 ··········· 158
二、中小企业利用开放式创新平台的实施策略 ········· 161

第三节　对政府管理第三方开放式创新平台的建议 ········ 163
一、转变政府职能，完善组织体系 ·············· 164
二、保障政策环境，健全法规体系 ·············· 165
三、构建网络平台，增强服务能力 ·············· 166
四、加强人才建设，实现人才专化 ·············· 167
五、增加资金支持，设立专项基金 ·············· 168
六、建立专业中介，完善管理机构 ·············· 169

参考文献 ······················· 171

图目录

图 1-1 封闭式创新模式与开放式创新模式 …………………………… 3
图 2-1 开放式创新平台的创新过程 …………………………………… 18
图 2-2 开放式创新中介平台分类 ……………………………………… 23
图 3-1 InnoCentive 服务流程 ………………………………………… 36
图 3-2 高级挑战计划的服务流程 ……………………………………… 38
图 3-3 InnoCentive 的收费项目和客户的收益分配方案 …………… 45
图 3-4 橡胶谷平台金字塔体系 ………………………………………… 47
图 3-5 众研网的发展过程 ……………………………………………… 48
图 3-6 众研网页面 ……………………………………………………… 49
图 3-7 成果交易流程 …………………………………………………… 51
图 3-8 任务众包流程 …………………………………………………… 52
图 3-9 检验委托流程 …………………………………………………… 53
图 3-10 咨询服务流程 ………………………………………………… 54
图 3-11 TOE 模型 ……………………………………………………… 55
图 3-12 众研网业务流程 ……………………………………………… 59
图 3-13 InnoCentive 业务流程 ………………………………………… 60

图 3-14　简化的技术—绩效链模型 …………………………………… 69
图 4-1　企业对第三方 OIP 的信任演化过程 …………………………… 97
图 5-1　信任影响因素理论模型 ………………………………………… 110
图 5-2　结构方程估计结果 ……………………………………………… 118
图 6-1　第三方开放式创新平台能力构建和演进的理论框架 ………… 125
图 6-2　众研网的发展阶段划分 ………………………………………… 129
图 6-3　众研网某任务众包项目截图 …………………………………… 134
图 6-4　众研网"线上+线下"服务流程 ……………………………… 135
图 6-5　技术创新中介服务能力构建流程 ……………………………… 137
图 6-6　基于众研网的创新资源复合网络 ……………………………… 140
图 6-7　全方位创新服务能力构建 ……………………………………… 143
图 6-8　第三方开放式创新平台的创新能力构建和
　　　　演进机理——以众研网为例 ………………………………… 144

表目录

表1-1 开放式创新与封闭式创新的区别 …………………………… 4
表1-2 创新过程阶段 ………………………………………………… 6
表1-3 创新不同阶段的开放式创新 ………………………………… 8
表2-1 创新平台和用户社区模式对比 ……………………………… 24
表3-1 国内对开放式创新服务的研究 ……………………………… 32
表3-2 平台用户信息对比 …………………………………………… 62
表3-3 项目/任务信息对比 ………………………………………… 64
表3-4 沟通/交互方式对比 ………………………………………… 65
表3-5 任务类型和技术维度的匹配组合 …………………………… 70
表3-6 InnoCentive"在进行"项目概况 …………………………… 71
表3-7 平台特性对比 ………………………………………………… 72
表4-1 关于信任建立过程的研究成果整理 ………………………… 82
表4-2 第三方OIP业务阶段划分表 ………………………………… 86
表4-3 第三方开放式创新平台各业务阶段中的资源编排过程 …… 88
表4-4 企业与第三方开放式创新平台间信任的演化分析表 ……… 95
表5-1 前人对信任维度的划分 ……………………………………… 103

表 5-2 样本描述性统计 …… 111
表 5-3 各构念量表 …… 113
表 5-4 反映型构念的测量模型 …… 115
表 5-5 形成型构念的测量模型 …… 116
表 5-6 各构念相关系数表 …… 116
表 5-7 假设检验结果 …… 118
表 6-1 数据类型及来源 …… 127
表 6-2 访谈数据 …… 128
表 6-3 众研网 1.0 服务业务介绍 …… 131
表 6-4 众研网 1.0 和众研网 2.0 的服务业务对比 …… 138

第一章 新时代呼唤开放式创新

创新是国家发展的第一动力,是建设现代化经济体系的战略支撑,加快建设创新型国家目前已经成为中国现代化建设的一项重要战略举措。2008年麦肯锡的全球调查显示,70%的受访高管认为"创新是推动企业增长的三件头等大事之一,但要正确地实现创新从来不是一件容易的事"。2014年的一项调查显示,78%的欧美大型企业都开始转向开放式创新,而鉴于开放式创新涉及知识、资源、行为等方面的全面互动与耦合,需要基于互联网的开放式创新平台这一载体来支撑。因此,越来越多的国内外企业通过建立开放式创新平台吸引外部创新资源、提高企业的开放式创新能力和竞争优势。本章首先对开放式创新进行概括介绍,其次描述了开放式创新的过程,最后介绍了开放式创新平台的内涵及其与其他近似概念的辨析。

第一节 开放式创新

一、开放式创新简介

在 20 世纪，技术创新一般是属于企业内部研发（R&D）部门的事情，企业的研发能力以及对技术的市场推广能力是衡量一个企业竞争力的重要指标。资金实力雄厚的大型企业投入大量的企业内部研发费用，聘请大量高端技术人才，引进最完备的研发设施，进行大量的基础和应用研究，然后将技术应用于新产品，通过销售产品进入市场，从而获取利润，这是 20 世纪企业传统封闭式创新模式的缩影。在封闭式创新模式下，企业的创新研发只在企业内部单独进行，以保证企业在技术上的领先地位。然而，随着技术复杂度的日渐提高，单个企业的技术与资金能力渐显不足，顾客的需求日益多样化，只依靠单个大型企业进行内部技术创新的方式无法再满足用户的创新需求，以往的封闭式创新模式不再适合企业的发展，开放式创新模式逐渐形成并不断发展。

2003 年，哈佛商学院 Henry Chesbrough 教授首次在其专著 *Open Innovation: The New Imperative for Creating and Profiting from Technology*（《开放式创新：进行技术创新并从中赢利的新规则》）中提出开放式创新（Open Innovation）的概念，提出企业要突破以往只依靠内部研发部门进行创新的封闭模式，充分考虑企业外部资源的创新价值，这需要突破企业的边界，同时利用企业外部创新知识资源进行企业创新。在开放式创新范式下，企业的边界变得模糊。总括而言，企业进行开放式创新的途径有两种：一种是不再将研发局限于企业内部研发，而是将有价值的外部创新资源充分引入自身创新进程中，外部创新资源可以来源于其他企业、科研团队、技术人员，甚至可以来源于产品用户等；另一种是企业将内部的创新成果通过技术转让、授权等方式输出到其他企业，尤其是那些在本企业不适合或难以进行商业化的创新成果，可以通过外部渠道将其推入市场，这样既可以回收企业自身的研发投资，还可以使创新成果在新市场中发挥其价值，提高市场整体的创新效率，加快整体的创新成果商业化进程。

在开放式创新范式下，企业通过打破组织边界，综合利用内部和外部的所有创新技术，形成一个更大的创新系统，降低了市场整体的企业技术创新的不确定性，提高了创新效率。图1-1描述了封闭式创新与开放式

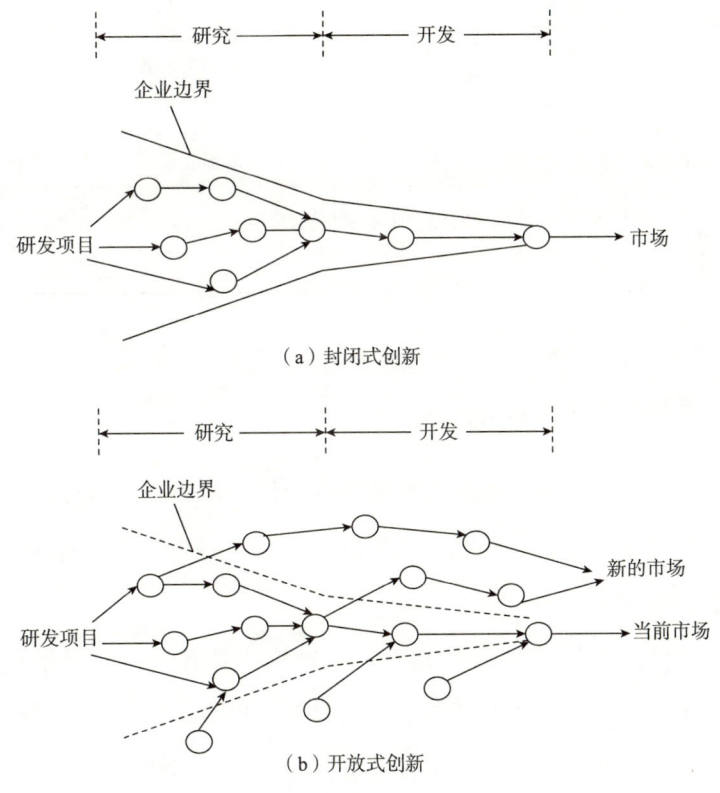

图1-1 封闭式创新模式与开放式创新模式

创新两种不同的创新模式。应用开放式创新可以使企业降低研发成本，缩短研发周期，增加企业收益，提高创新成功率。为了更深入地理解开放式创新这一新的创新理念，一些国内外学者将其与封闭式创新进行了比较研究，如表1-1所示。

表1-1 开放式创新与封闭式创新的区别

比较内容	封闭式创新	开放式创新
职员理念	本行业最聪明的人是为我们工作的内部员工	最聪明的人并不都为我们工作，需要借助外部最聪明的外脑
创新思想	企业产生最多最好的创新思想就会获胜	充分利用企业内外部创新思想将会获胜
研发过程	全部在企业内部封闭实现	外部研发能创造显著的价值，应将企业内部和外部有机地结合在一起形成系统
竞争优势	先将新产品或新技术引入市场	拥有成功的商业模式比先引入市场更重要
知识产权	禁止市场其他企业获得自己的知识产权	通过专利有偿使用或股权合作来提升企业的竞争力

二、开放式创新模式

管理咨询公司埃森哲和美国普渡大学合作，调研了总部位于美国和欧洲的数十家大型企业的研发和创新情况，总结它们的开放式创新模式，共总结出了四种情况。

第一种模式为传统 IP 合约模式。这种模式指其中一方提供技术，另一方提供主要的企业品牌及发展基础的深入合作模式。这种模式可以实现创新双方的合作共赢：对主品牌方来说，能获得更好的设计；而对于合作设计方来说，能增加知名度。例如，快时尚品牌 H&M 公司选择与优秀的设计师进行合作，采用联名设计的方式推出新的产品线。2018 年 H&M 选择与美国鬼才设计师 Jeremy Scott 合作，Jeremy 是高端品牌 Moschino 的品牌创意总监。Jeremy Scott 将 Moschino 品牌中用到的所有元素都毫无保留地用在了这一次的合作上，使顾客花几百元就能买到平时要花几千元才能买到的衣服，最终 H&M 该系列的衣服获得畅销。

第二种模式为开放式创新合作模式。一般这种情况是双方在各自的专业领域都比较强，其中一方独自完成某一项任务比较困难，出于对项目负责的目的采取的。在这种开放式创新模式下，某一方通过跟特定的合作伙伴合作，同时发挥双方优势，合作互补实现创新。以惠普公司与梦工厂的合作为例：惠普公司除了电脑方面的主营业务之外，还有其他的一些项目，如为电影制作开发一种新的技术，但是自己开发技术成本太高，于是惠普公司选择了与优秀的电影开发公司——梦工厂进行合作。这样两家公司可以实现资源互补，在双方技术实现上联合，制作出更加优质的产品，实现重大创新。另外，惠普也会与梦工厂分享服务器和云计算的路线图，作为对梦工厂的回报。

第三种模式为开放式创新竞赛模式。当企业已经有自己的创新需求，但没有合适的合作伙伴时，可以选择通过竞赛模式进行开放式创新。即，企业将自己的需求以竞赛的形式发布到平台上，请求平台参与者提供解决方案，并对优秀的解决方案提供者进行合理的奖励。例如，制药巨头辉瑞曾经打算给一款注射器研发一种技术包装设备，但不知道哪里能找到最佳解决方案，于是辉瑞选择跟中介平台合作，举办了一场开放式创新大赛，最终获得了四种备选解决方案。

第四种模式为开放式创新社区模式。开放式创新社区模式比较适合创新问题较复杂、需要多边合作和共同解决的企业创新问题，该模式的优点是覆盖面比较广。例如，福特公司在开发一种"智能化"移动解决方案时，发现这个创新问题非常复杂，于是福特公司借助一个开放式社区平台，鼓励参与问题解决的核心企业人员积极参与，同时设立了一系列创新比赛吸引外部创新人员的加入，通过企业内外部人员的多方合作，最终取得了很好的创新效果。

第二节 开放式创新过程

一、创新过程阶段

总结以往企业进行创新的过程，有学者提出有不同的创新阶段，如表1-2所示。

表1-2 创新过程阶段

创新过程六阶段（唐·马奎斯，1969）	确认机会、新思想的形成、问题的求解、问题得到解决、批量生产、新技术的扩散与应用
创新过程的三个主阶段和六个子阶段（傅家骥等，1992）	发现与决策阶段（创新构思、开发/采用决策）、准备/开发阶段（准备、试验开发）、实现阶段（规模投入、实现与扩散）
新产品开发的门径（Stage-Gate）管理模型（罗伯特·库伯，1998）	发现阶段、确定范围、确立公司开发项目、开发、测试和校正、投放市场
基于创新审计的创新过程（Chiesa and Coughlan，1994）	核心过程（包括概念产生、产品开发、工艺创新和技术获得）、辅助过程（包括资源供给、领导和系统与工具）
产品研发六阶段（Webb，2001）	初步开发、产品定义、原型设计、全面开发、中试和预生产、批量生产
创新过程（邱静，2015）	定义问题、选择和确认方案、研发、整合

技术创新的过程相当复杂，对技术创新阶段研究而言，比较流行的是清华大学的傅家骥教授的论断，傅教授将整个创新过程分为三个主阶段和六个子阶段。对不同的阶段，所进行研究的主要内容和目标并不相同，自然所面临的问题也不同。

傅教授认为，创新过程的第一个阶段是发现与决策阶段，包含创新构思、开发/采用决策两个子阶段。在该阶段，主要工作是形成产品创新项目的构思想法，构思合理与否要求考虑到构思形成的产品的市场到底如何，现有的相关技术如何，如果继续进行，可预见的经济效益如何。在构思完合理的想法后，需要对想法进行开发和采用决策，以进入下阶段的生产。

创新过程的第二个阶段是准备/开发阶段，包含准备、试验开发两个子阶段。在该阶段，主要成果是实际的创新样品，主要任务是对创新样品进行评价，评价样品是否满足需要。首先需要对生产进行准备，准备基本的原料、资金、技术等，然后需要对样品进行实验开发，以测试样品的创新性、时间性、质量性、服务性、经济性等基本指标。

创新过程的第三个阶段是实现阶段，包含规模投入、实现与扩散两个子阶段。通过上述两个阶段，样品已经通过各方面评测，各方面都能满足生产要求，就能转入创新实现阶段了。这个阶段主要是企业通过大规模投产、技术扩散等方式获利，国家和社会也通过技术进步、企业上缴利税等获益，从而技术创新完成其历史使命。

二、不同阶段的开放式创新

企业可以针对不同创新阶段，利用开放式创新来实现该阶段的创新任务，表1-3列举了在创新不同阶段进行开放式创新的优势和实例。

表1-3 创新不同阶段的开放式创新

创新过程	定义问题	选择和确认方案	研发	整合
开放式创新优势	来自消费者、市场、上下游合作伙伴更广泛的意见	提供多种类跨领域的解决方案,供企业选择	最合适的"外脑"提供专业解决方案	了解创新需求方和提供方之间的需求和差异,提高整合效率
开放式创新实例	企业可设立用户社区以搜集用户需求和反馈信息,如:小米的MIUI论坛	企业自建开放式创新平台征集技术方案,如飞利浦SimlyInnovate平台	通过第三方开放式创新平台寻找技术合作方,如:Nine-Sigma已经帮助众多企业实现了技术引进	第三方开放式创新平台协助双方整合,如埃森哲开放式创新中心

资料来源:埃森哲分析。

第一阶段的开放式创新是定义问题。在该阶段,企业内部的资源对市场洞察不足,难以找准洞察点,因此需要外部的创新来源,比如来自消费者、市场、上下游合作伙伴等各方面更广泛的意见。企业可设立用户社区以搜集用户需求和反馈信息,如小米的MIUI论坛、乐高LEGO IDEAS等平台,可以获得企业外部的创新与反馈意见。

第二阶段的开放式创新是选择和确认方案。在该阶段,企业内部视野受限,技术设备不够,而外部资源会提供多种类跨领域的解决方案,供企业选择。企业自建开放式创新平台征集技术方案,如飞利浦SimlyInnovate平台,以解决在企业内部遇到的技术资源不足的问题,减少技术成本投入,从更高的技术层面来解决问题。

第三阶段的开放式创新是研发。在该阶段,企业内部研发耗资大,效果和效率无法满足市场需求,因此需要最合适的"外脑"提供专业解决方案。企业可以通过第三方开放式创新平台寻找技术合作方,如NineSigma已经帮助众多企业实现了技术引进。

第四阶段的开放式创新是整合。在该阶段,企业内部需要跨部门,对各部门之间进行有效协调，采用开放式创新模式可以了解创新需求方和提供方之间的需求和差异，提高整合效率。可采用第三方开放式创新平台来协助各方整合，如埃森哲开放式创新中心等机构。

第三节 基于互联网的开放式创新
——开放式创新平台

一、开放式创新平台的内涵

随着 Web 2.0 技术和社交媒体的迅速发展，一些企业开始基于互联网搭建创新平台，将开放式创新理念与 Web 技术深入结合形成了基于互联网的开放式创新平台（Open Innovation Platform，OIP），使开放式创新达到了前所未有的开放度，将外部创新资源获取范围真正拓展到全球外脑——任何组织和个人，并加速了企业的创新过程。近年来，越来越多的企业通过各种形式的开放式创新平台成功地实施了开放式创新，如宝洁公司通过开放式创新平台 InnoCentive.com 发布企业创新需求，Dell 公司通过自建的创新社区 Idea Storm.com 成功采纳了 550 多个创意（截至 2018 年 7 月 20 日），雪铁龙公司通过社交平台 Facebook 让用户为一款特别版新车（C1 Connexion）选择设计方案，美国一家消费者数据分析服务公司——Dunnhumby 公司利用在线数据分析众包平台——Kaggle 平台解决了创新性的数据分析任务。基于互联网的各种开放式创新平台，为企业全面实现开放式创新提供了技术支持，可以说，只有基于互联网的开放式创新，才能达到完全的开放，从而更有效地整合外部创新资源。开放式创新平台作为企业实施开放式创新的有效载体，直接服务于企业的开放式创新，对企业集聚创新资源，降低创新成本，提升创新绩效具有重要的支撑作用。

开放式创新平台在继承开放式创新跨越创新资源边界做法的基础上，充分利用互联网世界的开放性、多样性、自主性、交互性等特征，实现创新理念与运行系统的转变。这种创新模式的基本形态是传统开放式创新模式的升级，即通过互联网技术使基于资产纽带和契约纽带的创新网络高效化，是传统创新关系在网络平台上的映射。这种创新模式更本质的形态是将互联网技术与开放式创新思想相融合，推动分布在全球的个体智力资本与创新需求自主对接，让那些在传统创新体制内受制于地理边界、组织边界、身份识别、任务规约等无足轻重的个体，成为开放式网络创新平台下的自主选择者、自我雇佣者和自由贡献者。

总结而言，开放式创新平台是互联网技术与开放式创新理论相融合的产物，是基于 Web 2.0 搭建的面向社会大众的开放式创新平台。由于互联网技术将全球的互联网用户连接起来，突破了时间和地域的限制，使快速整合全球创新资源成为可能，所以开放式创新平台成为企业实践开放式创新的理想途径。

众多学者从不同视角对开放式创新平台进行了定义。学者 Fichter 认为，来自组织外的具有共识的个体聚集在创新社区中，组成非正式网络，共同推动创新项目的开发。学者 Di Gangi 和 Wasko 认为，开放式创新平台的本质是分布式的个人群体通过计算机和互联网进行交流，旨在共同解决一个问题，或者开发一个新的方案。学者 Schröder 和 Hölzle 给出了一个更全面的解释，他们认为开放式创新平台由许多个体组成，他们拥有共同的兴趣并服务于一种共同的创新目标，即寻求一种新的创新性的产品解决方案。平台内的创新用户受一种共同文化的约束，包括一系列的规则、标准和价值观，彼此通过互联网进行交流和互动，协作创新，实现互惠互利。同时，创新用户是自愿参与的，他们在此之前没有任何的组织联系。学者 Battistella 和 Nonino 认为，开放式创新平台是为了将不同成员（个人或企业）吸引并聚集在创新社区的新型工具。学者 Hallerstede 将开放式创新平台定义为，"一个能够提供数字化服务的虚拟环境，在此环境中的创新者可以自由互动，不受时间和空间的限制开展协作创新"，企业通过开放式创新平台可将外部创新者纳入到组织的创新过程中。此外，国内学者刘志迎等将用户利用开放式创新平台进行创新的模式称为"众创"。

我们综合上述学者的定义，将开放式创新平台界定为，"企业利用社交媒体和 Web 2.0 技术，建立起的面向大众的、服务于企业开放式创新的互联网平台。一方面，平台中的创新用户可以自由互动提出创新或创意，并且可以通过平台进行创新成果的展示，另一方面，企业可以通过平台获取来自平台创新用户的创新成果并加以应用"。此定义一方面强调了平台的完全开放性和交互性，即平台面向所有社会大众（企业产品用户、行业专家、任意组织或机构等），且平台中可以自由交互；另一方面，此定义又基于开放式创新理论，从企业视角界定平台目的，即服务于企业创新。

二、开放式创新平台与其他概念的辨析

（一）开放式创新平台与大众创新

大众创新（Mass Innovation）是 Economist 于 2007 年提出的概念，认为现在的时代人人都是创新者，强调公众的参与，倡导利用各种技术手段让知识和创新实现共享和扩散。大众创新中的大众既包括企业的利益相关者、员工、用户，也包括广泛的社会大众，既可以是企业，也可以是组织或高校，又或者是自发形成的团体等；大众创新中的创新既可以是个人知识、创意，也可以是最优解决方法、技术，还可以是专利，可以服务于企

业，也可以服务于个人的知识学习（如维基百科、百度贴吧）乐趣分享等。

开放式创新平台一定是基于大众智慧的创新平台，强调公众的参与，邀请大量非组织化的群体参与到组织的创新过程中。但反过来，基于互联网的大众创新平台不一定都属于开放式创新平台（如基于个人兴趣的生活创意分享平台"美食天下"），只有服务于企业技术创新的平台才是开放式创新平台。所以可以说，开放式创新平台是以企业创新为目的的大众创新平台。

（二）开放式创新平台与众包平台

众包（Crowdsourcing）是指"将组织内部的工作以公开的方式外包给一个非固定人群，可以是大众共同生产的模式，也可以是众多个人独立生产的模式"。Pénin 和 Burger–Helmchen 按照工作任务特性将众包平台分为面向日常工作的众包平台、面向信息内容的众包平台和面向创新的众包平台。面向日常工作的众包，较低或普通智力水平的劳动力即可完成，工作内容较为简单，如翻译、将图片或音频转换成文本等，亚马逊土耳其机器人（www.mturk.com）就是该类平台；面向信息内容的众包，要求参与者贡献一定已知的数据和信息供社会大众使用，如百度文库、维基百科；面向创新的众包，要求参与者创新性地解决组织面临的问题，如99designs 为企业提供更具创新性的广告，InnoCentive 帮助企业解决各种科学难题。

夏恩君等认为，面向创新活动的众包是企业开放式创新的一种特殊形式，是一种以网络为共享平台，利用 Web 2.0 技术广泛吸取创新资源的基于互联网的创新模式，它连接了企业与社会大众，使企业可以整合全社会大众的创新资源，实现了企业创新活动的无边界化发展。

然而，面向创新活动的众包平台并非全都是开放式创新平台，二者之间仍存在一定区别,需要区分创意产业众包平台和服务于企业技术创新的众包平台。英国创意产业工作小组于1998年率先提出"创意产业"(Creative Industries)的概念,并在《英国文化创意产业路径文件》中将其定义为源自个别创意、技术和才干,通过知识产权的开拓和利用,用个人潜力创造财富和就业机会的活动。创意产业包括广告、建筑、设计、工艺品、时尚设计、艺术和古董市场、电影与录像、互动软件、音乐、表演艺术、出版、软件及计算机服务、广播电视13个行业。

创意产业体现创新的内涵,但开放式创新并非仅限于创意产业,更多是强调传统产业中的技术创新。因此,开放式创新平台也理应是服务于更广泛的产业中的技术创新(包括产品创新和工艺创新)的平台。因而基于创意的众包平台,如基于广告、品牌、文案策划、建筑设计、网站开发、工艺品、电影与录像、艺术、软件及计算机服务、广播电视等的众包平台(如99designs、猪八戒网、威客中国)并非是服务于企业创新的开放式创新平台。

(三)开放式创新平台与虚拟在线社区

虚拟在线社区(Online Community/Virtual Community)是一个由计算机信息技术辅助的网络空间或社区,以社区内用户的交流和交互为中心,是为了使用户能够创造内容而建立起一个长久的虚拟关系的平台。虚拟在线社区主要表现为四个方面:虚拟空间、信息技术、用户交流、社交关系。互联网中的虚拟在线社区种类繁多,表现形式多种多样,如BBS/论坛、贴吧、公告栏、群组讨论、博客、在线问答社区等。学者Schubert和Ginsburg将虚拟在线社区归为三类:休闲时间社区、研究社区及商业社区。

虚拟在线社区是实现企业开放式创新的有效形式,我们可以将用于商业用途、服务于企业创新的社区看作开放式创新平台。目前,很多企业也已经实际建立并成功运行了这样的企业用户社区（如海尔众创意、DELL 的 IdeaStorm 社区、星巴克的 MyStarbucksIdea 社区）。但并非所有企业用户社区都服务于企业创新，严格来说，单纯以增加品牌效应、提升用户黏性为目的的企业用户社区（如小米社区）不属于开放式创新平台，有学者将其称为品牌社区。

此外，开放式创新平台是直接服务于企业创新的平台，用户自发形成的开源社区（如 Apache 社区、SourceForge 社区、Linux 内核社区）、在线科技合作社区（如 OpenWetWare 社区、Nature Network 社区）、用户生成内容社区（User Generated Content，UGC；或称作 User Created Content，UCC）（如维基百科、百度文库、在线问答）等虚拟社区虽然也内含创新活动，但其本质是基于个人知识贡献的服务于社区大众的平台，并非直接服务于企业创新。

（四）开放式创新平台与众创空间

中国国务院总理李克强在 2015 年 1 月 28 日召开的国务院常务会议上首次提出"众创空间"的概念，指出应顺应网络时代推动大众创业、万众创新的形势，构建面向人人的"众创空间"等创业服务平台，具体要在创客空间、创新工厂等孵化模式的基础上，大力发展市场化、专业化、集成化、网络化的"众创空间"。目前，已经出现由各大企业领头创办的创意孵化空间（如美的、苏宁、海尔的创意孵化平台），以及由互联网公司创办的基于众筹的创意商业化网站（如 Quirky、海趣网）。总之，众创空间主要服务于围绕创新而展开的创业活动，可称基于互联网的众创空间为创意孵化网站。众创空间和开放式创新平台虽然都包含创新，但前者侧重于基于创新的创业，而后者侧重于为既存企业服务。

第二章 开放式创新平台

在"互联网+"时代,开放式创新理念与Web技术结合,形成了基于互联网的开放式创新平台。目前,国内外已经涌现出众多成功的开放式创新平台先例。一些大型企业选择自主构建开放式创新平台,如戴尔公司建立IdeaStorm平台,不断收集来自用户的各种创意和改进意见,并将其应用于产品的设计和改进;乐高集团建立LEGO IDEAS平台,吸引全球的乐高玩家参与开发新的积木套装,通过乐高评审的原创积木套装将会被乐高商业化生产,同时乐高会给原创者以丰厚的奖励。同时,也有企业选择直接参与第三方构建的开放式创新平台,如InnoCentive、Ninesigma。本章首先总体介绍了开放式创新平台的要素和特征,其次阐述了开放式创新平台的现状,最后对开放式创新平台进行分类,以使读者对开放式创新平台有更深入的了解。

第一节 开放式创新平台的要素

一、开放式创新平台四要素

开放式创新平台涉及四个关键要素——企业、创新者、平台技术和创新任务。

(一) 企业

企业是开放式创新的需求主体,也是创新绩效的承受主体。值得注意的是,企业在进行开放式创新时,自身的特质(如企业的吸收能力、外部整合能力、企业开放度等)会影响企业的创新绩效。也就是说,不同企业通过同一互联网平台进行同一个创新任务的发布和创新方案采纳,也会因吸收能力、外部整合能力、企业开放度等的不同,产生不同的创新绩效。

(二) 创新者

创新者是开放式创新平台的用户,是潜在的任务解决者和创新贡献者,是开放式创新的主体。注册成为平台用户的可以是个人,也可以是一个团队,或者是一个组织,在平台上以一个用户名参与到平台中。一般在用户社区中,平台用户基本是企业的产品用户,而在众包平台中,平台用户具有多样性,既可以是企业用户,也可以是专家或相关爱好者。

(三) 平台技术

目前,支持开放式创新的互联网平台模式有多种,如在线社区模式(用户通过 Dell 的 IdeaStorm 社区可以就产品问题发帖,向企业提供更好的建议和解决方案,其他用户可以评论该方案或对该方案提出改进意见)、众包平台模式(如用户通过 InnoCentive 平台查看各大企业或组织发布的任务挑战,选择自己能做的创新任务,在规定时限内提交解决方案,企业在对众多创新方案进行评估后奖励优秀的解决方案)、社交平台(如雪铁龙公司通过社交平台 Facebook 让用户为一款特别版新车选择设计方案)等。

每种平台都呈现出各自的特点和独有功能,企业和个人在使用不同平台时进行创新的交互方式、流程等都是不同的。因此,从 IT/IS 的角度来看,平台是一系列规则和资源的组合,平台按照设计者的意图被设计以实现相应的功能(如用户交互或上传文件等功能),含有自身的技术特性。

(四)创新任务

创新任务是指通过平台完成的为企业服务的创新性任务,按照个人参与创新任务时是否需要彼此的交互,可分为独立任务和协同任务。独立任务可由个人独立完成,而协同任务需要基于互联网彼此交互和协同创新,整个创新过程公开。领先的开放式创新平台 InnoCentive 把创新任务分成六类:想法(Ideation)、理论方案(Theoretical)、商业化模型(Reduction - to - practice)、大数据分析(Prodigy)、新型分子结构(Novel Molecule Challenge)、技术服务(Electronic Request for Proposal)。

二、开放式创新平台创新路径及过程

基于开放式创新平台四要素,企业利用开放式创新平台进行开放式创新的过程如图 2-1 所示,其中,主要包括三个关键行为:①企业通过平台发布创新任务;②创新技术持有方(创新者个人或团组、科研组织等)通过平台参与解决任务;③企业衡量任务解决情况,即创新绩效。

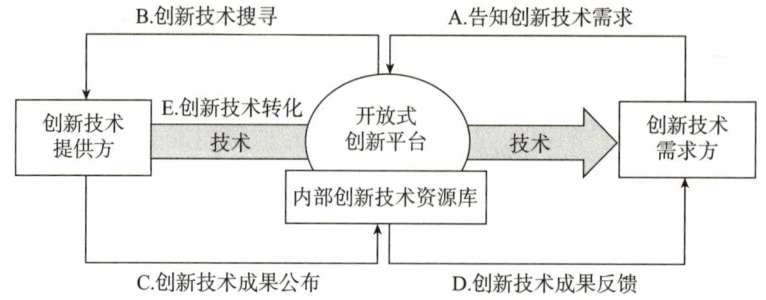

图 2-1 开放式创新平台的创新过程

具体而言,可根据开放式创新的两种模式,将企业利用开放式创新平台进行创新的路径分为以下两类:

(1) 企业通过开放式创新平台引进外部创新技术资源(A→B→C→D→E)。

(2) 企业利用开放式创新平台将内部技术成果进行外部转化(C→D→A→E)。

第二节 开放式创新平台的特征

开放式创新平台的特征主要包括以下几点:

一、互联网平台

基于互联网的开放式创新平台打破了地域和时空限制,可将企业外部创新知识资源的范围拓展到全世界,为企业开放式创新提供最大限度的支持和服务,对企业集聚创新资源、降低创新成本、提升创新绩效具有重要的支撑作用。Web2.0使搭建面向所有社会大众（如组织内员工、用户、社会大众、任意组织或机构）的创新平台成为可能，可以最大限度地减少创新共享过程中的阻碍，使方便快捷地整合全球创新资源成为可能。

二、服务于企业创新

不同于一般的在线用户社区或销售平台，开放式创新平台的目的是为企业进行开放式创新（主要包括技术创新、产品创新和服务创新）而服务。由于创新主体的创新需求是多元化的，除了单纯的创新型技术或产品需求，还包括资金、质量检测、知识产权、成果转让、检验检测与认证等需求。因此，开放式创新平台既可以单纯提供技术创新服务功能，也可以围绕企业创新提供更多辅助服务功能，或者根据不同创新主体的需求提供不同内容和不同深度的个性化服务。

三、开放性

开放式创新平台中的"开放"意味着企业在践行开放式创新的过程中，能够基于平台吸纳融合多种创新资源，从而构建起以多种创新主体为节点的创新网络，网络的联通性使各类创新主体可以建立起直接或间接的网络联系，进而获取自己所需要的创新资源和能力。开放式创新平台的开放性使企业可以利用网络中的群体资源和能力，由传统的一对一合作方式转变为开放性的多方共赢，大大提高创新效率和效果。

四、参与方式灵活多变

不同于组织之间的正式的固定的合作创新，外部创新资源参与企业开放式创新的方式灵活多变。在具体平台模式上，开放式创新平台包括诸如众包模式（Crowdsourcing）的平台（如 InnoCentive），在线社区（Online Community）模式的平台（如戴尔的 IdeaStrom 社区），大众共同生产模式（Commons-based Peer Production）的平台（如维基百科），开源软件模式（Open Source Software）的平台（如开源软件社区 Apache）等。在不同平台模式中，创新参与方之间的合作方式、承诺方式、目标一致性均存在差异。

第三节　开放式创新平台的现状

利用互联网进行开放式创新的模式多种多样，使得多种类型的开放式创新平台同时涌现，开放式创新平台已成为开放式创新研究中的一个重要分支。目前，开放式创新平台的模式有众包平台模式、在线社区模式、开放式创新中介平台模式等。

一、众包平台模式

众包平台是一种以网络作为共享平台，利用 Web2.0 技术广泛吸取创新资源的基于互联网的创新模式。众包平台连接了企业与社会大众，使企业可以整合全社会大众的创新资源，产生更多的众包产品，实现企业创新活动的无边界化发展。夏恩君等认为应用于创新活动的众包是企业开放式创新的一种特殊形式。

众包平台方面的研究主要包括众包平台的分类、众包的驱动因素、众包创新模式、众包绩效的影响因素等。其中，有学者将用于商业活动的众包分为三种模式——面向日常工作的众包、面向信息内容的众包和面向创新的众包。众包绩效的影响因素研究大多集中于个体或群体研究，如个体参与动机、是否合作、满意度和经验等，也有少数学者关注任务的不确定性、报酬对绩效的影响，以及企业层面因素，如内部工作流刚度、资源限制等对众包绩效的影响。

刘志迎等在众包概念的基础上提出了众创的概念："在互联网时代，一方面，热爱创新的个体创新者基于企业自建的或者第三方开放式创新平台实施创新活动，并且通过平台发布或展示创新成果；另一方面，创新需求企业通过开放式创新平台进行搜索，并获取创新成果加以利用的新型创新模式。"他认为，互联网技术的不断升级逐步改变着企业创新的范式和方法，企业创新正在经历从封闭创新到初步开放式创新，再到全面开放式创新的过程，创新主体也从以往的专业研发人员扩展到了更广泛的普通大众，当代企业的创新活动已经越来越呈现出大众协作的特点。

二、在线社区模式

在线社区作为一个新兴术语，还有很多不同的名称和叫法，如虚拟社区（Virtual Community）、用户社区（User Community）、虚拟客户参与平台（Virtual Customer Environments）。秦敏认为，在线用户通过开放式在线社区直接或间接地参与企业内部产品的创意、研发和推广等创新相关活动，并将这些开放式在线社区称为开放式创新社区。

目前，在线社区方面的研究主要包括平台用户的参与动机和行为特征，用户社区的知识管理和激励机制，以及用户社区开放度对价值创造的影响等。Levine 和 Prietula 认为，参与者之间的交互和彼此的依赖性、参与者之间松散的协作模式是在线社区的重要特征。王莉对传统环境和网络环境下的产品创新中顾客的参与方式作了深入对比和评价，并分别从个人层面和群体层面探讨了客户知识与客户的创新行为。此外，夏昊翔等关注开放式创新平台的技术开发，从在线社区集体智能的概念模型出发，提出一个针对在线科技合作社区（Online Science and Technology Cooperation Community，OSTCC）的计算机支持系统框架，促进社区人员网络和知识网络的演化。

三、开放式创新中介平台模式

有学者根据互联网在创新中扮演着中介的角色，提出开放式创新中介平台（Open Innovation Intermediary Networks）概念，认为互联网的一些创新中介平台的出现使企业能快速方便地寻找到可为企业（Seekers）提供所需知识的创新解决者（Solvers/Knowledge Brokers）。开放式创新中介平台可以帮助企业更快、更低成本地寻找更广泛的外部技术，或是可以协助技术拥有者为其创意和技术找到更多的应用市场。开放式创新中介平台往往扮演一个平台商或市场中心的角色，为企业间知识流动创造了良好的条件，方便与商业模式不匹配的技术快速流出并进入相匹配的商业模式中。

目前对开放式创新中介平台的研究主要是理论研究，如以案例的形式深入分析企业通过创新中介进行创新的过程，并识别出创新中介的类别、意义、作用、面临问题等。Billington 和 Davidson 从知识的可编码程度和中介网络对企业的帮助程度这两个维度，将开放式创新中介平台分为四类（如图 2-2 所示），并通过众多案例分析发现企业利用创新中介平台进行创新的过程主要包括七大阶段：①识别商业问题；②形成解决团队；③分解问题；④寻找问题解决者或知识经纪人；⑤将外部解决方案整合；⑥测试阶段；⑦存档，追踪开放式创新绩效。

图 2-2　开放式创新中介平台分类

资料来源：Billington C, Davidson R. Leveraging Open Innovation Using Intermediary Networks [J]. Production & Operations Management, 2013, 22 (6): 1464-1477.

四、不同平台模式的对比

有些学者已经开始区分不同形式的开放式创新平台并进行对比，如：区分在线创新社区和基于众包的创新平台。在线创新社区是基于共同兴趣的用户集群自发自愿形成，针对给定产品或服务进行产品或服务创新，用户之间的交互是开放式创新社区的关键，创新一般是基于协作。而基于众包的创新平台中的用户没有社区的交互形式，用户之间并不强调交互，平台用户可以是企业产品或服务的用户，也可以是与企业毫无关系的社会大众，创新交易一般是一对一进行，创新提供者将创意或创新提供给平台方或提出创新的企业，而不向其他用户公开。

Felin 和 Zenger 从复杂度角度将创新任务分为简单任务和高复杂度任务，发现基于众包的创新平台模式和在线创新社区模式适合解决的创新任务复杂度不同，基于众包的创新平台模式适合较为简单的任务，在线创新社区适合高复杂度任务（如表 2-1 所示）。同时，Veithen 等认为，目前基于众包的创新平台多缺乏基于交互和合作的协同创新，建议 IS 研究者应当从 IS 建构方面进行思考，搭建基于共同创造的众包创新平台模式。

表 2-1　创新平台和用户社区模式对比

	沟通渠道	激励程度	产权问题	任务复杂性
基于众包的创新平台	大范围广播，企业与参与者水平沟通	中等（外在物质激励和内在精神激励）	多种形式，企业以奖金购买创新参与者的知识产权为主	简单
在线创新社区	企业与参与者水平沟通，沟通形式多种多样	低（一般为内在精神激励）	不存在产权问题，参与者不享有产权	复杂

资料来源：Felin T, Zenger T R. Closed or Open innovation? Problem Solving and the Governance choice［J］. Research Policy, 2014, 43（5）: 914-925.

目前，实践中不同企业应用开放式创新平台的创新绩效存在着很大差距。戚桂杰认为，造成这种现象的原因是开放式创新平台的模式类型与企业特质的不匹配，并分别从静态视角和动态视角对开放式创新平台模式与企业特质的匹配问题进行了系统性的研究。此外，学者 Saebi 和 Foss 关注开放式创新与组织之间的关系，他们对开放式创新战略实施效果差异进行了研究之后，发现开放式创新战略与企业的商业模式不一致是导致这一差异的最可能原因，于是他们提出了开放式创新战略与开放式商业模式的匹配模型，企业可依此设计适合企业商业模式的开放式创新战略。

第四节　开放式创新平台的分类

根据开放式创新平台建设方的不同,可将开放式创新平台划分为企业自建开放式创新平台和第三方开放式创新平台。

一、企业自建开放式创新平台

企业自建开放式创新平台,即企业为了吸引更多外部创新源加入本企业创新进程,由企业主导而建立的创新平台。根据企业开放式创新平台的开放程度,又可将其分为企业自建半开放式创新平台和企业自建全开放式创新平台。

企业自建半开放式创新平台是指企业平台只向部分封闭群体开放,并非任何机构都能加入,这种情况常出现在企业创新联盟或企业供应链中。如宝洁公司建立半开放式创新平台,将自身价值链中的创新活动与固定数量的、长期合作的、大型供应商的创新活动结合在一起,使得平台参与企业之间可以快速共享技术信息,保证合作的实时沟通,还可以互派人员进行联合开发。

企业自建全开放式创新平台是指企业建立的开放式创新平台向任何人完全开放,任何个体都可以作为创新方加入平台。目前,国内外都已经涌现出一些成功先例,例如,戴尔公司建立 IdeaStorm 平台,不断收集来自用户的各种创意和改进意见,并将其应用于产品改进;乐高集团建立乐高创意平台,吸引全球的乐高粉丝展示自己的原创积木模型,通过乐高评审的模型将会被生产,由乐高推出官方套装;中国的海尔、美的也纷纷建立自己的开放式创新平台，鼓励用户参与产品创新，并选取好的创新用于开发新产品。

二、第三方开放式创新平台

第三方开放式创新平台又被称为开放式创新中介平台（Open Innovation Intermediary），或创新集市（Innovation Market），即由第三方建立旨在为创新需求方/寻求者（Seekers）和创新方案提供方/解决者（Solvers or Knowledge Brokers）提供创新交易的独立平台。第三方开放式创新平台就像桥梁一样联结创新的供需双方，企业通过平台提出自己的创新需求，有能力的个人、机构、企业提供自己的解决方案供需求方选择，实现创新双方的快速匹配。第三方开放式创新平台依托网络虚拟空间，能够突破地域和时空限制，将世界范围的创新和知识资源聚集起来，为开放式创新提供最大限度的支持和服务。

第三方开放式创新平台与传统创新中介模式最大的区别是：其中介功能主要基于网络环境实现，能够广泛连接外部创新主体，通过网络来实现各创新主体的关系建立、交流互动和合作过程管理。借助网络技术优势，第三方开放式创新平台与各创新主体有着密切的联系和互动，具有开放、灵活、跨区域、活跃度高等特点。根据创新提供方合作方式的不同，第三方开放式创新平台的服务模式又包含三种形式。

（1）创新提供方为独立的个人或机构，第三方开放式创新平台为创新供需双方提供一对一的服务。如：NineSigma——一家涉及众多行业和领域的独立中介平台，将技术需求方和技术提供方联系起来，为技术需求方在各行业进行技术搜寻，为其提供最佳技术解决方案，同时也为创新技术提供方的技术和创意提供用武之地。技术需求方可以通过NineSigma的网络进行技术咨询或招标，收到技术需求概要的技术提供方通过同样的网络将解决方案反馈给需求方。在 NineSigma 提供的技术创新服务中，技术提供方一般为第三方独立机构或科研工作者，其中小型创业公司和大型公司占到 60%，科研人员占到 30%，其余为公共或私立实验室。

（2）创新提供方是一群原本不相识的个人，他们一起合作完成一个项目，以"一对多"的近似"众包"方式进行合作。如 InnoCentive 是全球第一家将企业创新任务与其潜在"解决者"相连接的开放式创新平台。该平台定位于将全球领先企业的问题分发给全球的潜在任务解决者，主要是科学家、工程师和各类科研人才。InnoCentive 定位于将全球领先公司所面临的各类科研难题与顶尖科学家对应，使双方各取所需。

（3）针对企业需求，提供"端到端"的开放式创新全流程服务。企业在进行开放式创新的过程中，不仅要解决技术或产品层面的创新需求，同时还需要解决由创新带来的涉及企业整个运营流程的改变、商业模式的变革等问题。在这样的背景下，一些第三方开放式创新平台开始为大企业提供"端到端"的全流程服务：听取企业的创新诉求，在此基础上帮助企业搜寻合适的外部创新提供方，协调双方的创新活动，达到最优的整合效果。与前两种模式相比，该模式中的第三方开放式创新平台不仅发挥技术中介的作用，还亲自参与到企业的具体创新管理中，为企业提供从"前期搜索"到"后期整合"整个创新管理的全流程服务。

利用第三方开放式创新平台进行创新的步骤主要包括：①形成问题。第三方开放式创新平台帮助有创新需求的企业充分识别技术需求，形成高质量的问题陈述，并书写"创新需求"。②寻找方案。基于第三方开放式创新平台本身的技术资源网络，包括技术公司、高校、研究所等，创新平台邀请技术提供方回应有创新需求的企业的技术需求。③筛选方案。当创新方案提供者提交一份技术解决方案时，有创新需求的企业需要对方案进行评估，决定是否与此方案提供者进行下一步沟通。此过程中，创新平台需要获取和传输相应信息，以供有创新需求的企业决策。如开放式创新平台 Ninesigma 有自己的一套评估体系，为有创新需求的企业提供高质量的解决方案。④ 创新双方达成协议。创新平台促成有创新需求的企业和创新者之间达成开放式创新协议，包括双方在技术方面的讨论，最终达成知识产权转移或联合知识创造的具体协议条款。

第三章　第三方开放式创新平台已成主流

国外十几年前就已经开始探索基于互联网技术的开放式创新模式，至今已产生众多成功案例，如第三方开放式创新平台 InnoCentive，至今已成功为企业解决 2000 多项创新难题，大众参与者共提交了 59000 多项创新方案；第三方数据分析平台 Kaggle 汇集了 535450 名全球顶尖的数据科学家，通过数据分析竞赛形式，为企业提供数据分析服务；平台 Yet2 主要为企业提供战略指导、技术搜索、技术市场化、专利交易等第三方开放式创新服务，目前在线用户已超过 13 万。基于第三方开放式创新平台开展创新，已成为当前企业重要的创新方式。

值得注意的是，虽然第三方开放式创新平台都不约而同地采用互联网技术开展开放式创新服务，但各个平台的战略使命、服务内容、服务流程、互联网使用方式等都存在较大差异，这直接导致了各平台产出的不同。因此，本章在介绍中国第三方开放式创新平台服务现状的基础上，分别以国内外两个典型第三方开放式创新平台——美国 InnoCentive 平台、中国众研网平台为例，对第三方开放式创新平台进行详细介绍，同时对这两个平台的战略使命和平台特征进行了详细对比，分析两者之间的差异及导致差异的原因,使读者多方面理解中外第三方开放式创新平台的形式及特点。

第一节 中国第三方开放式创新平台服务现状

目前,中国第三方开放式创新平台服务市场尚处于发展阶段,存在市场体系不完善、市场内缺乏高效率、专业化的主体等问题,这与我国科技创新服务机构发展初期的政府背景有重要关系。20世纪80年代,在政府统筹规划和政策扶持下,中国出现了众多创新中介机构,也就是第三方开放式创新平台的前身。但这些机构在管理上政企不分、政事不分,既像服务部门又像管理部门。这种机构设置不符合市场运作规律,使得创新中介机构发展动力不足、创新服务能力欠缺、专业素质人才缺乏,阻碍了现代开放式创新服务市场的建设。而发达国家的创新服务业经过一百多年的发展已经积累了大量的发展和管理经验,其开放式创新服务市场比较完善,创新中介机构运作也达到了专业化和规范化水平,大大提高了企业的开放式创新效率。据统计,发达国家的科技成果转化率为80%,中国则为25%,其中真正实现产业化的不足5%。

步入21世纪之后,政府发现了创新服务市场对企业创新的重要作用,于是逐步制定政策大力扶持科技创新服务机构,用以改善创新服务市场环境,加快企业的开放式创新步伐。2002年,国家科技部发布《关于大力发展科技中介机构的若干意见》,要求积极培育营利性创新中介机构按照市场机制发展壮大。2003年,国家科技部将其确立为"科技中介组织建设年",创新中介机构的构建与完善成为中国高新技术产业发展中备受关注的问题。2014年10月,国务院发布《关于加快科技服务业发展的若干意见》,指出国内的创新服务市场仍存在市场主体发育不健全、服务机构专业化程度不高、高端服务业态较少、缺乏知名品牌、发展环境不完善、复合型人才缺乏等问题,强调我国创新中介服务业仍需要坚持市场导向,转变政府职能,充分发挥市场在资源配置中的决定性作用,进一步健全市场机制,使科技创新的服务内容不断丰富,服务模式不断创新,新型组织形式和服务业态不断涌现。2015年8月,第十二届全国人民代表大会常务委员会重新修改《中华人民共和国促进科技成果转化法》,进一步规范科技成果转化活动,夯实创新服务市场的法律基础,推动了创新服务市场的完善和繁荣发展。2016年4月,国务院发布了《促进科技成果转移转化行动方案》,旨在深入落实《中华人民共和国促进科技成果转化法》。

  研究方面,国内对开放式创新平台服务的研究有宏观、中观和微观之分。宏观层面,主要是从国家创新体系建设的角度出发,研究国内创新中介的现状,分析国外优秀模式,以及提出如何更好地发挥创新中介的作用。其中,多位学者提出中介机构"市场化"是提高第三方开放式创新平台中介服务效率的关键。中观层面,主要是具体分析研究院或行业协会在创新成果转化方面的服务内容和运行模式。这些研究院和行业协会包括中科院、印度全国软件服务公司协会、美国的软件与信息产业协会、韩国软件振兴院、中国台湾工业技术研究院。微观层面,主要集中在对国外先进模式的解读,如 InnovationLab、Innova、InnoCentive 等。另有两位学者分别从第三方开放式平台的管理模式及创新服务链的角度研究如何提升我国第三方开放式平台的服务能力。国内对开放式创新服务的研究具体如表3-1所示。

表 3-1　国内对开放式创新服务的研究

层面	内容
宏观层面	（1）国内外先进模式介绍 高子涵、吕华侨、李娟（2011）：介绍国外科技中介服务机构发展现状、发展特点、美日德科技中介服务体系、政策法规保障体系、管理运行模式； 戚湧、朱婷婷、郭逸（2015）：介绍科技成果分类及不同类别的科技成果转化模式 （2）对策建议 高子涵、吕华侨、李娟（2011）：国内科技中介服务机构发展现状； 王希良、柳洲（2011）：科技中介机构"市场化"发展的需求与对策； 汪良兵、洪进、赵定涛（2014）：实证我国技术转移体系演化情况，得出我国技术转移体系呈现良好的演化态势，但总体水平较低，其薄弱环节为技术中介和扩散系统，因此需要大力发展科技创新中介服务； 戚湧、朱婷婷、郭逸（2015）：基于委托代理模型对科技成果市场转化模式进行研究，得出应充分利用科技中介服务机构促进科技成果市场转化的结论
中观层面	国内外先进模式介绍 陈套、冯锋（2014）：介绍中科院技术转移机构的分类和功能定位，中科院技术转移机构的运行模式； 吴金希、李宪振（2012）：介绍台湾工业技术研究院科技成果转化（技术选择、技术开发、技术应用）模式和方法，并将之与大陆作对比； 赵筱媛（2008）：介绍行业协会性质的中介机构服务模式（印度全国软件服务公司协会、美国的软件与信息产业协会、韩国软件振兴院）
微观层面	（1）国内外先进模式介绍 尚珊、苗菁（2010）：以 InnoCentive 公司和疑客中国为例，分析和对比两者的创新服务模式； 吴汉荣（2014）：对意大利 Innova 集团的技术转移流程进行详细介绍，并分析其成功因素；

续表

微观层面	张洁音（2015）：对浙江技术市场的创新服务模式进行了深入分析； 樊一阳、周恒玉（2015）：对专业化创新服务公司"InnovationLabs"创新服务模式中两项具有代表性的创新服务（创新审计、创新认证）进行分析； 李文元、向雅丽、顾桂芳（2012），韩颖颖、樊文强、王志博（2016）：详细分析了 InnoCentive 的机制设计和服务模式，及其如何解决开放式创新中存在的问题 （2）对策建议 李文元、顾桂芳、梅强（2010）：提出了科技中介机构的管理模式，以提升其科技创新服务能力； 常爱华、王希良、梁经纬、柳洲（2011）：以"创新服务链"为理论框架，分析了如何提升我国科技中介机构服务能力

针对国内开放式创新服务发展存在的问题，众多学者分析了其中原因。①市场机制不完善，市场中存在不完全竞争、信息不对称，现实中存在市场失灵的情况。②政府在市场中的角色有问题。政府在第三方开放式创新平台的中介服务市场中占据主导地位，这使得创新服务过多依赖于政府推动，而不是市场机制，导致以企业为主体的技术转移体系越发薄弱。③以企业为主体的第三方开放式创新平台中介服务机构的专业化程度不高，服务能力弱。目前，我国第三方开放式创新平台中介服务机构的发展尚处于起步阶段，存在科技中介服务机构从业人员专业化程度不高、人浮于事、等客上门、办事效率低等问题，以企业为主体的技术转移体系建设仍处在不断的摸索之中。④技术研发和技术吸收之间相对孤立、发展尤为不均衡，制约了我国技术转移能力的提升。这些问题和原因的分析为中国开放式创新服务下一步的发展指明了方向。

第二节 国外第三方开放式创新平台案例解析

一、InnoCentive 平台简介

InnoCentive 由世界著名制药企业美国礼来公司于 2001 年创立，名字取自 Innovation（创新）和 Incentive（激励）的组合，是较早实施奖励激励机制的开放性社区平台之一，现在已成为以化学和生物领域为重点的有影响力的第三方开放式创新平台，同时还是全球第一家旨在利用先进技术和网络将难题与其潜在"解决者"相连接的开放式创新平台，即将全球领先企业的问题与顶级科学家一一对接，使之各取所需。据 InnoCentive 首席执行官 D. J. Car–roll 介绍，InnoCentive 的雇员主要是各业务领域的学科专家，他们的主要工作是帮助求解者分析其所面临的难题并准确描述该挑战，吸引更多科学家（解决者）的关注。

InnoCentive 的平台用户可分为"求解者"和"解决者"两大类。其中，求解者包括政府、非营利机构、合作伙伴、公司四类，需交纳一定的会员费才可访问和使用平台；解决者虽面向的是公众群体，但主要为科学家、工程师和各类科研人才，可以免费注册使用平台。InnoCentive 吸引了包括美国礼来公司、宝洁（P&G）、AveryDennison 公司（AVY）、杨森和洛克菲勒基金会在内的大量多元化组织注册成为"求解者"并张贴挑战，同时已有超过 17 万、来自 175 个国家的科研精英注册成为 InnoCentive 的"解决者"。截至 2008 年，64 家求解者共在 InnoCentive 上张贴 800 多个挑战任务，其中348个已由16500个解决者解决。2015年1~10月，共发出50余项挑战任务，接受某项挑战的解决者约为200~300人，最高达到650人。从每项挑战的参与者所在地区的分布来看，参与者遍及全球各地。可见，InnoCentive可以帮助创新求解者接触到世界范围的外部创新资源，并吸引大量人员参与问题的解决。

InnoCentive是开放式创新和众包的先驱，它将顶尖的科学家（解决者）与全球各地的领先公司（求解者）所面临的相关科研挑战对应起来，使之珠联璧合。创新驱动、由几百万问题解决者构成的社区、基于互联网的技术平台是InnoCentive成功的核心要素，这些要素从根本上改变了企业创新的模式。经过短短几年的发展，InnoCentive已成为世界上最大的第三方开放式创新平台。

二、InnoCentive网站介绍

（一）服务流程

InnoCentive定位于以知识服务为核心，为"求解者"和"解决者"搭建相互沟通和知识转移的桥梁。考虑到知识沟通和转移过程中可能面临的问题，InnoCentive对整个服务过程进行了阶段划分，并对其中的每个流程都进行了精心设计，确保"求解者"和"解决者"都能完全放心地参与到平台中。具体而言，InnoCentive将整个服务过程划分为三个阶段，如图3-1所示。

第一阶段，"求解者"构思和张贴"挑战"。InnoCentive拥有一批专业知识深厚的专家学者，能帮助"求解者"公司准确地界定在平台上发布的科研难题，一个科研难题被界定为一个"挑战"（Challenge）。在"求解者"发布"挑战"前，InnoCentive会对"求解者"公司的创新需求进行认真分析，形成可供发布的"挑战"。然后，"求解者"会依据问题的复杂程度、解决问题所需要的资源以及给自身带来的价值,确定合适的奖金额度,InnoCentive 有权拒绝过低的奖金额度。每一项"挑战"包括摘要、概要和详细说明三个部分,摘要包括"挑战"的名称、类别、截止日期、奖金额度等;概要包括对"求解者"及所遇科研难题的概述;详细说明包括对科研难题的详细阐述、所提交解决方案的具体要求、奖酬方法及知识产权方案等。

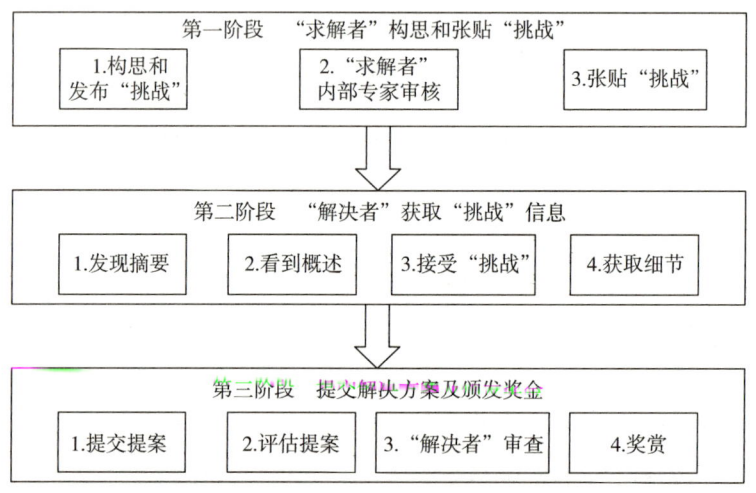

图 3-1　InnoCentive 服务流程

第二阶段,"解决者"获取"挑战"信息。所有在 InnoCentive 注册的"求解者"都可以查看到 InnoCentive 定期发布的"挑战"信息。通过在"挑战"列表中查看"挑战"摘要确定是否感兴趣,进而选择感兴趣的"挑战",进入"挑战"页面查看"挑战"概要,确定自己是否具备接受"挑战"的能力和专业知识。只有接受"挑战"的"求解者"才能获取"挑战"的详细信息。

第三阶段,提交解决方案及颁发奖金。一方面,InnoCentive 的专家学者为"求解者"提供解决方案审核服务,对解决方案进行质量和有效性方面的评估,以便剔除不符合"挑战"标准的解决方案,并从众多的方案中挑选最优方案提供给"解决者"。InnoCentive 凭借自身的专业能力对解决者提出的方案进行准确评价和评估,既可以保障第三方评价的客观性、公正性,又可以提高对解决方案的评估效率,从整体上提高开放创新的效率和成功率。另一方面,InnoCentive 的专家学者会向"解决者"提供改善解决方案的建议,向"解决者"详细解释"挑战"的条款,并指出"解决者"提出的方案的缺陷所在,以使其下一次提出更好的解决方案。

此外,InnoCentive 还负责监督"求解者"公司接受知识产权审计。在"解决者"的知识产权转移给"求解者"公司之前,InnoCentive 保持对知识产权的控制权。如果解决方案满足了"挑战"的要求,InnoCentive 便会将该解决方案提交给"求解者"公司,并要求"求解者"公司支付奖金,奖金支付完毕后,"解决者"的知识产权将会自动转移给"求解者"公司;如果"求解者"公司不予奖励,InnoCentive 则会确保该解决方案涉及的知识产权不被"求解者"公司使用。

(二)"挑战"类型

InnoCentvie 将"挑战"分为高级挑战计划和自定义挑战计划。高级挑战计划是利用 InnoCentive 网站遍布全球的 380000 个多种多样的创造性的思维网络,为"求解者"所面临的紧迫的科研问题提供可行的解决方案。自定义挑战计划是指运用一个定制的挑战计划来解决较大的科研问题,或鼓励和展示突破性创新,即自定义挑战往往解决难度更高、定制化程度更深的挑战。

1. 高级挑战计划

在 InnoCentive 的高级挑战计划中,挑战指"求解者"所面临的紧迫科研问题,解决者可以以各种形式解决各种问题。当解决者提供正确的解决方案时，求解者会提供货币奖励。在识别、制定、运行和评估挑战的整个过程中，InnoCentive 平台的专家学者和项目经理都会为求解者提供各种支持。图 3-2 为高级挑战计划的服务流程。

图 3-2　高级挑战计划的服务流程

针对高级挑战计划，InnoCentive 提供了多种挑战类型供"解决者"选择，无论"解决者"的目标是收集一般性的创意构思还是推进重要的研发工作，InnoCentive 都有适合的高级挑战类型。InnoCentive 针对"解决者"对不同层次知识的需求，将挑战分为构思型挑战（Ideation）、理论型挑战（Theoretical）、RTP 挑战（Reduction to Practice）、eRFP 挑战（Electronic Reduction to Practice）四种类型。这四种类型既是 InnoCentive 挑战的分类，也是其作为知识服务中介探索更好地为"求解者"和"解决者"搭建沟通桥梁，满足不同市场需求的知识服务方式。

（1）构思型挑战（Ideation）。构思型挑战的目的是收集突破性的想法，可以是有关开发何种新产品的想法，也可以是某一技术问题的创造性解决方案，或者是针对当前产品的新型商业应用，甚至可以是招徕新客户的病毒式营销理念。一般而言，构思型挑战的挑战期通常比其他挑战类型短，可以减少解决问题的时间。此外，构思型挑战需要保证至少有一个解决者将获得奖励，并且"解决者"将授予"求解者"使用任何知识产权的非独占许可。

（2）理论型挑战（Theoretical）。理论型挑战的目的是收集一个可行的设计方案，但不要求达到付诸实践的程度。一个设计方案需要包括详细的设计说明、规格说明、支持先例、技术解决方案或服务所必需的要求，以及更接近实际的想法。如果"解决者"提交的解决方案被"求解者"选为获胜解决方案，那么"解决者"可以获得可观的资金回报，但只有在符合所有挑战标准的情况下才能获得奖励。根据挑战要求，解决方案获胜后，解决方案中涉及的知识产权许可或转让给"求解者"。

（3）RTP挑战（Reduction to Practice）。RTP挑战要求"解决者"提供可供实践的实际模型（尽管非商业规模）。在RTP挑战中，除了详细描述之外，解决者还被要求提供实物，证明他们的解决方案能够满足"求解者"的特定需求，保证能在相应决策标准或制造参数内正常工作。一般而言，RTP挑战的挑战期较长，使得"求解者"有更多的时间来计算其提案所需的数据并做出实物模型，而且RTP挑战的奖金奖励额通常较大，可鼓励"求解者"做出更好的挑战方案。与理论型挑战一样，解决方案只有满足所有挑战标准才能获得奖励，其中涉及的知识产权也会许可或转让给"求解者"。

（4）eRFP挑战（Electronic Request fov Proposal）。eRFP挑战旨在帮助"求解者"寻找供应商或合作伙伴，要求供应商或合作伙伴能够为"求解者"提供某些专业材料或专业知识。"求解者"利用InnoCentive平台寻找已经开发出他们所需的企业或有经验的顾问。不同于其他三种类型的挑战，eRFP 获奖者通常直接与"求解者"协商合同条款。

2. 自定义挑战计划

自定义挑战计划是运用 InnoCentive 验证过的和适应性较强的方法和平台进行独特的创新竞赛。InnoCentive 的定制挑战计划能够使"求解者"开发出高规格的挑战计划和创新竞赛，针对"求解者"的需求进行独特定制，可达到解决重大问题、提高认知度并鼓励突破性创新的目的。自定义挑战分为"重大挑战"和"展示挑战"两种类型。

"重大挑战"集中在一个大问题上，往往要求有激进创新和突破性的解决方案，其解决方案将对全球产生重大影响。它以大规模的宣传来促进财务奖励，并努力革新整个行业或激励创造新的市场。"重大挑战"通过这种方式将大量的注意力集中在一个特定的问题上，并动员生成一个积极进取的问题解决者社区。这种类型的挑战往往要对提交的解决方案进行某种形式的实验测试，以确保获奖创新在实践中和严格条件下能证明其价值。

"展示挑战"是在广泛的学科领域或学科（如安全、能源）中定位和开发的，因此它与 InnoCentive 运行的其他挑战方式截然不同。这种挑战鼓励创新者提交符合挑战总体主题的原创提案，召集专家法官小组评估提交的内容，并根据事先规定的评估标准分配奖励。这些奖项通常在重大的宣传活动期间宣布，让解决者有机会在评委小组中讨论他们的创新解决方案。展示挑战通常针对企业家、创业企业或中小企业进行。

另外，如果"求解者"需要完成挑战计划的特定部分，而不是完整的自定义挑战计划，InnoCentive 仍然可以通过自身平台的支持和咨询服务增加价值。平台可以在程序的任何阶段（如在设计、规划或执行过程中）为"求解者"提供高质量的输入，包括高级程序设计咨询、研究设计、活动规划和管理以及市场营销。这些元素本身可以以 InnoCentive 在各个学科和行业部门的经验为基础，根据"求解者"的需求进行配置。InnoCentive 的高级挑战也可以被当作自定义挑战计划的一部分。

定制挑战计划专注于价值较高的目标，通常旨在应对严重的市场失灵或消除可能阻碍某个地区或行业发展的壁垒或瓶颈，向能够解决问题的个人或团体提供相当可观的奖励（通常为 10 万美元或更多），是加深对问题的认识的有效方法。必要时，挑战计划可以分阶段组织，由多个挑战组成，由指导创新团体系统地解决整体问题。投资回报对于任何组织都是重中之重，所以将这种积极的探索看作是对公司未来的投资是很重要的。由于"解决者"集体投入大笔资金追求奖金，自定义挑战计划可以最大限度地从赞助商的金融投资中获得回报，并降低风险，因此这些创新竞争有可能通过业务变化和机遇形成长期的收益。

自定义挑战计划通过为解决者社区提供论坛和焦点，促进创新者和其他关键利益相关者之间进行协作与交流、网络合作与信息共享、知识转移和内部交流，从而改善特定行业内的创新社区体系。启动自定义挑战计划可以提升项目发起人的形象，形成行业内的思想领导力，对于基金会来说，其是有效的筹款手段。由于定制挑战计划倾向于激进的思维和突破性创新，因此吸引传统领域以外的新颖独创思想尤为重要。其通常会更多地吸引新的创新者，并奖励外部部门的技术转让。因为激进开辟了商业机会的新途径，实现了多样化的连续创新，所以自定义挑战计划可用于开拓全新市场或新创新领域。

三、InnoCentive 实现的信任机制

（一）建立"求解者"和"解决者"之间的信任

处理好"求解者"与"解决者"之间的信任问题，是第三方开放创

新平台面临的重大挑战。

一是与酬金奖励相关的信任问题。设置合理的奖励机制可以帮助"求解者"吸引大量"解决者"参与到挑战任务中，求解者应根据具体的任务类型和难度提供酬金，酬金从 500 美元到 100 万美元不等。为此，InnoCentive 需要确保"求解者"具有支付解决方案酬金的资金，并确保酬金可以发放到有效方案提供者手中。与传统的一对一合作不同，基于 InnoCentive 的众包式开放创新中，一项创新问题会同时被多个"解决者"解决，会产生多个解决方案，只要是有效的解决方案都会得到奖励。为此，InnoCentive 需要对"解决者"提供的方案进行准确评价，将所有符合标准的解决方案都呈递给"求解者"。同时，确保每一有效方案提供者都可以得到事先约定的奖励，防范"求解者"不支付或不合理支付承诺的奖励。

二是与知识产权有关的信任问题。问题求解者发布问题后，会提供一个摘要给所有问题解决者，便于其浏览。问题解决者在决定加入"解决者"行列前，可以了解所需解决问题的概况、参与解决的人数等信息。问题解决者在申请解决问题时，InnoCentive 会要求其签署在线法律协议，明确双方权利义务、知识产权等，只有在签署协议并同意协议当中的各项责任和义务之后，"解决者"才有权了解到挑战的具体细节和要求。在问题解决过程中，双方的沟通在特定的"暗箱"中进行。问题解决之后，按照协议中的约定来划定解决方案的所有权。也就是说，InnoCentive 在整个过程中既要防止"求解者"的技术流失，又要防止"解决者"的利益受侵害。

（二）建立不同客户与 InnoCentive 之间的信任

第三方开放式创新平台的客户包括"求解者"和"解决者"两类，两平台则充当了两者沟通合作的桥梁。如何使"求解者"和"解决者"愿意到第三方开放式创新平台发布挑战或参与问题解决，是第三方开放式创新平台企业需要认真思考的。"求解者"和"解决者"在加入 InnoCentive 时，都需要签署具有法律效力的注册协议，其会预先对 InnoCentive 及客户的相关利益和义务做具体的说明，使 InnoCentive 的客户可以没有后顾之忧地、放心地参与平台挑战。InnoCentive 作为服务提供者，本身既不提供也不担保解决方案，但其通过有效管理、精心组织设计服务流程，可使"求解者"和"解决者"都能完全放心地参与到平台中。作为两者的桥梁，InnoCentive 的专家团队也负责回答"解决者"在问题解决过程中可能遇到的问题，即使"解决者"没有顺利解决难题，或者"解决者"的解决方案没有被"求解者"采纳，愉悦的服务体验以及一些创新的思路也能使客户获得预期结果以外的收获，可以促进客户与 InnoCentive 的进一步合作。

同时，为了确保"求解者"与"解决者"之间进行有效的沟通，并提供有效的信息保护，InnoCentive 创建了供问题求解者和某个问题解决者单独沟通的"暗箱"。只允许双方之间进行沟通，其他参与者无权查阅，但 InnoCentive 有权检查任何一个"暗箱"的交互过程，以便及时发现沟通中出现的问题，并提供解决方法。InnoCentive 长期的服务历史和著名的案例，提升了"求解者"和"解决者"对其的信赖度。

（三）建立"解决者"内部团队之间的信任

InnoCentive 聚集了来自不同领域的"解决者"，共同面对广泛的富有挑战性的难题。来自不同地域、不同背景的个人、组织和企业的"解决者"可以通过 InnoCentive 平台构成临时虚拟团队，共同解决一个科研难题。InnoCentive 在实践中发现 10% 的"解决者"实际上是依赖更广泛的学术实验室或研究小组才解决了挑战。因此，InnoCentive 以有效解决挑战为目的，通过设立共享工作空间将不同领域的"解决者"聚集在一个虚拟团队中，促进团队成员之间的交流和讨论。InnoCentive 为"解决者"虚拟团队提供的共享工作空间，可以为团队成员提供更多的合作机会，有利于具有不同经验和技能的团队成员进行协同创新，使团队成员在相互合作、相互信任的氛围中工作，这不仅有利于"解决者"虚拟团队提高工作效率，也能产出更好的解决方案。

（四）建立利益分配机制

第三方开放式创新平台的利益分配方式是决定其生存的重要问题。在注重难题的挑战性的同时，"解决者"更关心自己的收益；而"求解者"则关心自己的付出能否获得与之匹配的预期效果。如果"解决者"或"求解者"感觉到无法安全获得收益或其付出与承担的风险不成比例，那么他们就会因不公平感而最终放弃对第三方开放式创新平台的信任。因此，收费政策和收益分配方案在一定程度上决定了第三方开放式创新平台的发展潜力。

目前，InnoCentive 只向"求解者"收费，向"解决者"完全免费。具体而言，"求解者"除在注册时要向 InnoCentive 缴纳一定的会费外，还需根据挑战类型和悬赏金额的不同向其支付张贴费。"求解者"在获得解决方案之后需付给"解决者"相应的悬赏金，并向 InnoCentive 支付成交服务费。如果"求解者"并未获得预期结果，则无须支付悬赏金和成交服务费，只需向 InnoCentive 支付张贴费。若"求解者"购买了 InnoCentive 提供的捆绑套餐，还需支付一部分费用。除收费政策外，InnoCentive 在"求解者协议"中还对如何付款、付款期限、知识产权转移中产生的税款支付方案、InnoCentive 和"解决者"收益的税款缴纳方式等作了详细规定。InnoCentive 的收费项目和客户的收益分配方案具体如图 3 – 3 所示。

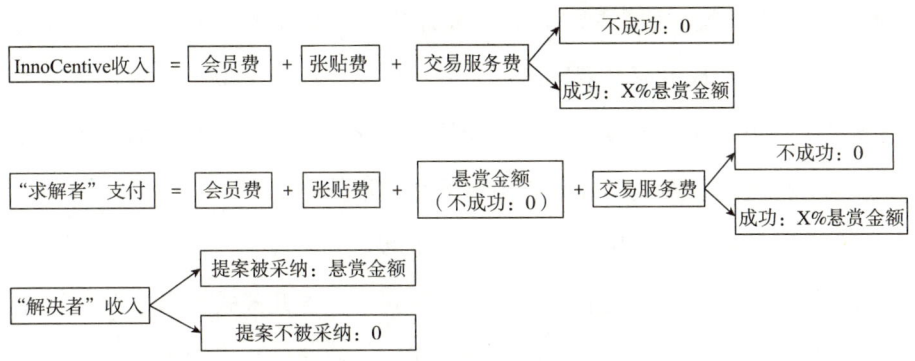

图 3-3　InnoCentive 的收费项目和客户的收益分配方案

第三节　中国第三方开放式创新平台实例

一、众研网平台简介

众研网于 2014 年 12 月正式上线，具体负责公司为青岛橡胶谷生产力促进中心有限公司，隶属于青岛橡胶谷集团。青岛橡胶谷于 2011 年 2 月注册成立，注册资本 1 亿元，由中国橡胶工业协会、青岛四方区政府（现青岛市北区政府）、青岛科技大学、软控股份有限公司四方发起设立。青岛橡胶谷是为化工橡胶行业提供解决方案的具有第三方公信力的综合服务平台，以平台经济理念打造"政产学研资"五位一体、高度融合、COMP-D① 联动的化工橡胶行业生态圈；运用"互联网 + 化工橡胶"搭建橡胶谷

---

① COMPD 是指基于客户的闭环发展模型，其中，C 代表客户需求导向，O 代表线上线下联动的运营模式，M 代表制造端，P 代表平台，如依托智慧园区、生态圈所建成的交易平台，D 代表数据驱动的服务和生产，从而更好满足客户需求。

e站，并重点建设科研平台众研网、轮胎电商、化工原材料电商、橡胶制品电商、知识产权电商、智慧园区、MOOC式培训、虚拟会展等行业线上服务平台，为行业提供线上线下互动的一体化专业解决方案，助推化工橡胶行业可持续健康发展。橡胶谷平台的金字塔体系如图3-4所示。

众研网是一个以互联网为载体为企业提供科技服务和相关配套服务，进而指导产业生态化发展的线上线下一站式第三方开放式创新平台，旨在为企业提供成果交易、任务众包、认证评价、检验检测、知识产权、管理咨询、金融资本、企业孵化和人才众筹等服务。究其本质，众研网作为一个开放式创新平台，既具有开放式创新中介平台的特质，又具有网络众包的特点。针对企业创新问题的多样性，众研网通过建立互联网网站（www.zoneyan.com）面向社会大众（具有专业知识的个人、相关企业、科研机构）广泛发布企业的创新需求，通过众包的形式寻求外部创新主体，积极推动企业的开放式创新。

鉴于国内开放式创新尚处于发展阶段，尤其对中小企业而言，尚处于初始化阶段，难以获取外部创新资源，缺乏独立进行开放式创新的能力，众研网依靠自身累积的18万家创新资源，借助互联网进行高效的创新资源分发和创新资源集聚，积极为企业建立与外部创新资源链接的通道，通过互联网平台和线下磋商来实现各创新主体的关系建立、交流互动和合作过程管理，促进企业的研发创新。其中，众研网平台线上服务主要通过打造"众研网"，利用互联网技术，开放式吸引产业内部企业与科研资源，完成成果交易、科研众包、专业委托（含检测、价值评估、知识产权等）三大业务的在线交易。众研网平台线下业务主要通过打造"线下服务平台"，为企业量身定做，提供科技咨询、管理咨询、检测总包、专业资源对接、成果孵化五大服务，帮助企业"一站式"解决科研创新方面的困难。众研网的发展过程如图3-5所示。

第三章 第三方开放式创新平台已成主流

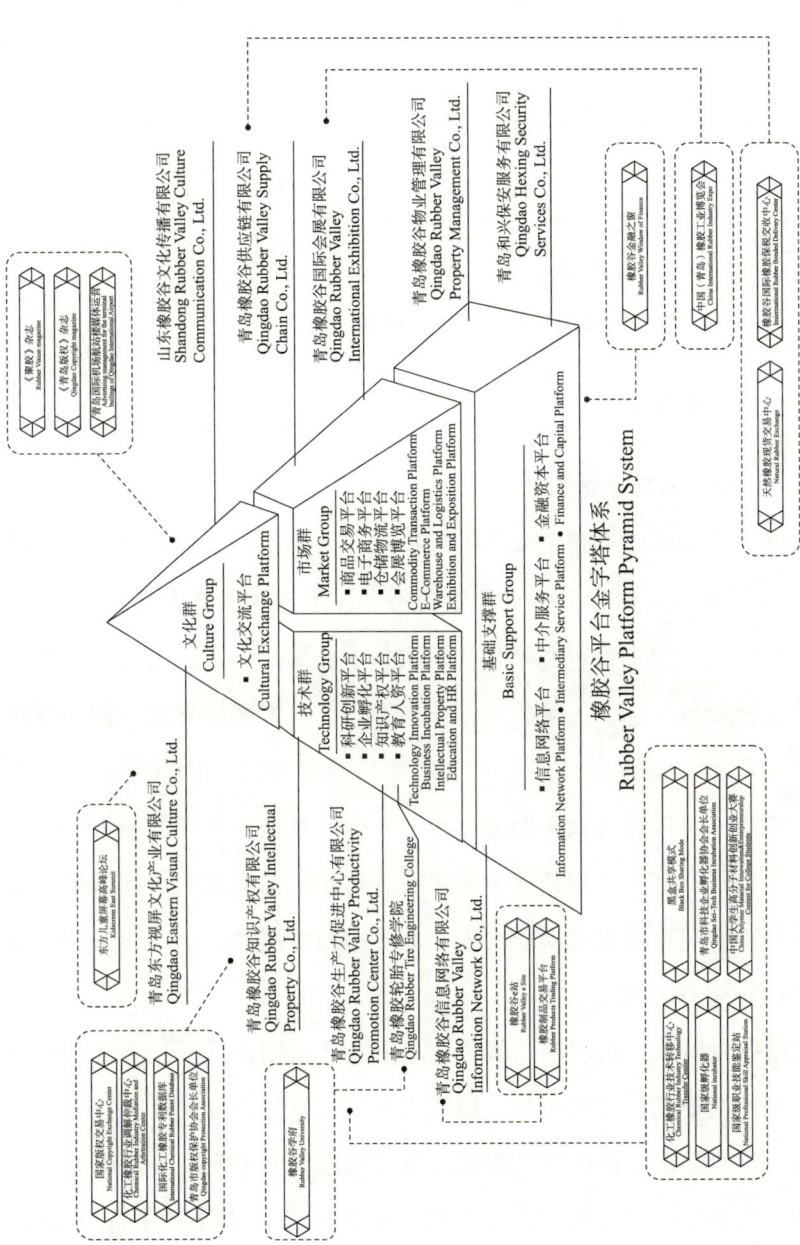

图3-4 橡胶谷平台金字塔体系

资料来源：橡胶谷官方网站"生态圈模式"介绍，http://www.rubbervalley.com/chinese/ArticleMenu.aspx?class1=2&class2=44。

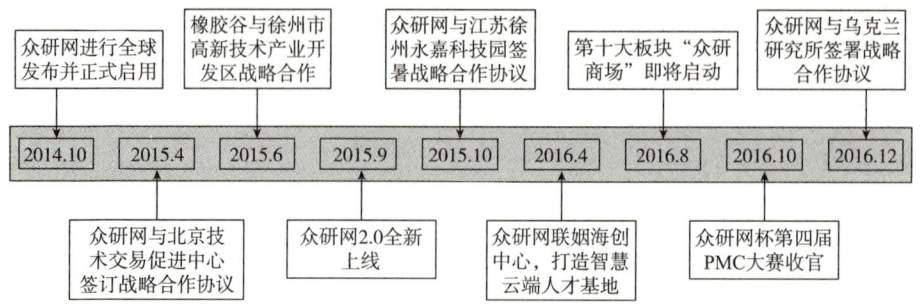

图 3-5　众研网的发展过程

二、众研网网站介绍

（一）众研网网页介绍

众研网利用互联网搭建了基于创新提供方（个人、企业、高校、科研机构等）和创新需求方（企业）的双边市场，平台对所有人开放，个人、企业和科研机构组织等均可在平台注册成为平台用户。平台的初始市场定位为向化工橡胶行业企业提供技术创新中介服务，但经过发展，创新提供方可以通过众研网发布自己的技术创新项目或专利，转让给有需求的企业；创新需求方可以通过众研网发布生产和服务过程中遇到的技术问题或创新需求，传播给有技术创新能力的企业、科研机构或个人，寻求解决方案。此外，企业还可以通过众研网发布有关检验检测和技术咨询方面的需求，供有相应能力的机构承接。

在初创探索阶段，众研网的服务业务围绕技术创新展开，共包含成果交易、知识产权委托、任务众包、检测委托、技术咨询五大板块。

经过一年的运营，众研网发现仅提供技术创新服务无法满足中小创新企业对创新资金、创新政策、创新管理、创新技术人才等多方面的需求，于是其识别并抓住市场机会，不仅开展科技中介核心业务，并且积极开展各种技术和非技术支持服务业务，致力于为各行业中小企业提供全方位开放式的创新服务,具体的服务内容如图 3-6 所示。

图 3-6 众研网页面

(二) 主要服务业务

1. 核心业务

众研网的核心业务包括成果交易、知识产权委托和任务众包三部分。成果交易是指创新提供方发布自身持有的、成熟的、可产业化的技术创新成果,一般为一整套的技术方案,以"授权"或"出售"的模式将技术转让给创新需求方,交易金额一般较高或面谈确定。知识产权委托是指创新提供方发布专利信息,供有专利需求的一方进行交易,交易方式一般为专利转让。任务众包是指创新需求方发布生产和服务过程中遇到的技术问题或创新需求,接受广大企业、科研机构及个人创新者的投标。

2. 技术支持性服务业务

众研网可提供检测委托和认证评价的技术支持性服务业务。检测委托是指有技术检测需求的企业发布检测任务,具有检测资质的机构(专业检测机构、科研机构等)进行投标,检测后出具相应检测报告。认证评价是当企业需求方通过平台发布认证需求时,众研网推荐有能力的第三方认证机构进行承接，平台目前提供的认证服务包括体系认证、产品认证、特种设备许可证认证。

3. 其他支持性服务业务

众研网也提供管理咨询、金融资本、人才众筹、企业孵化等其他支持性服务业务。管理咨询是企业需求方通过平台发布管理咨询需求，如上市咨询、知识产权贯标咨询、高新技术企业认证咨询、企业内部管理咨询等，众研网自己承接或者推荐专业管理咨询机构进行承接。金融资本是针对新技术项目、新产品或设备，众研网帮助企业通过平台发布融资需求，以出让股权的形式获取资金。人才众筹是众研网依托自身的个人用户群（专业技术人员、高校师生等），通过平台帮助企业发布技术人才需求。企业孵化是众研网提供将创新项目市场化的全方位服务，包括帮助待孵化项目完善商业模式、推进融资，并为其提供市场和销售支持等。其中，融资途径包括金融资本或组织投资、风险投资及申请政策资金等。

（三）四大模块服务流程

众研网在着力打造基于互联网的开放式创新平台的同时，积极跟进和拓展线下服务，为每项服务业务都设计了规范化的"线上+线下"业务流程，构造了创新知识从提供方转移到需求方的完整服务链条，为客户提供全流程技术创新服务。

众研网线上平台主要用于聚集企业技术需求资源和创新技术知识资源，在"意向达成"阶段实现创新技术需求方和创新技术提供方的快速匹配，形成"创新项目"，以及完成成果交易、任务众包、知识产权委托、检测委托、咨询服务的在线交易。众研网的线下环节主要是将服务嵌入每一项"创新项目"内部，深度挖掘客户的技术需求，针对项目进行过程中无法单独通过网络解决的问题，为其提供线下服务，保证创新知识成功从提供方转移到需求方。

1. 成果交易流程

创新需求方点击交易,并向众研网提交保证金,众研网托管保证金,并提醒创新提供方支付保证金,撮合双方线下交流。如果双方达成合作,需求方支付剩余款项,众研网根据双方线下达成的协议打款给提供方,此时双方的订单信息中显示交易信息,交易完成,双方互评;如果双方拒绝合作,由交易中其中一方向众研网发出交易结束申请,在众研网审核后,若审核通过,则不收取任何费用,但若存在违约行为,则需收取一定比例的违约金,剩余款项退还后,交易结束。具体成果交易流程如图3-7所示。

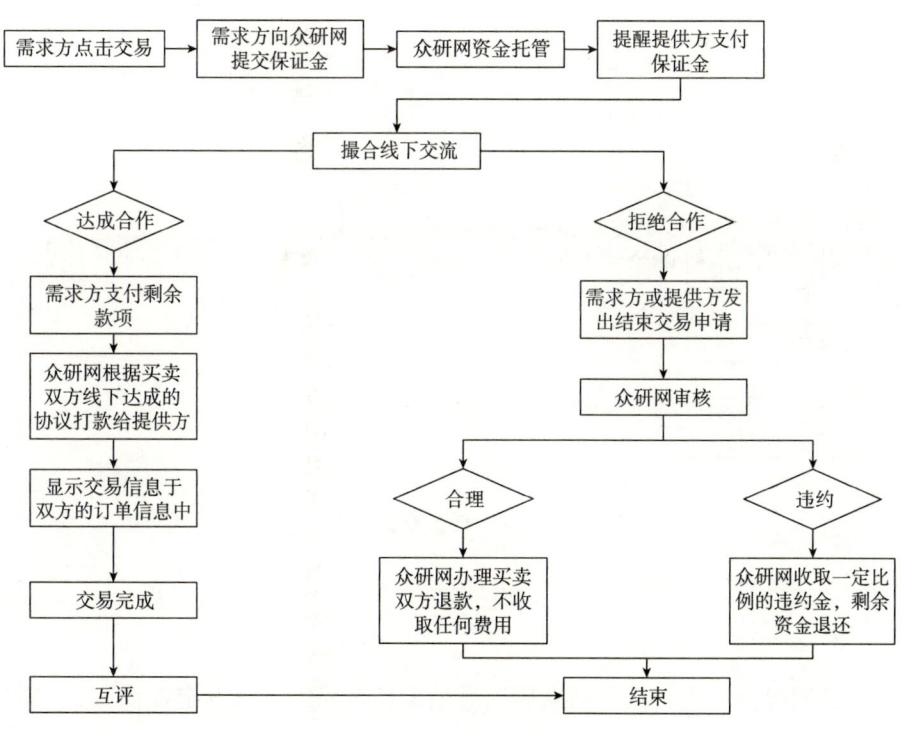

图3-7 成果交易流程

2. 任务众包流程

众包服务提供方点击承接链接并提交项目意向书,此时在提供方的个人中心会形成订单，众研网提醒需求方项目已有人承接，需求方提交保证金，众研网授权其看项目建议书。如果需求方同意项目建议书，则需选定提供者，双方提交保证金，由众研网安排双方线下会谈并签订合作协议，双方完成合作后互评；如果需求方没有同意项目建议书，此次双方合作结束。具体的任务众包流程如图3-8所示。

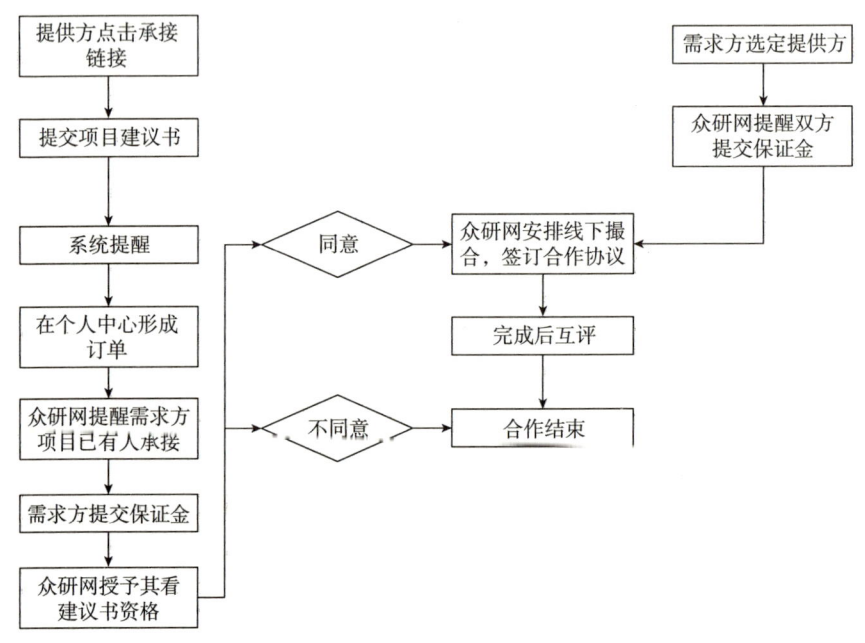

图3-8 任务众包流程

3. 检测委托流程

检测提供方点击承接向众研网缴纳保证金，需求方选定提供方，双方按比例缴纳保证金。先在线下沟通，如果双方任何一方感觉不合理即可向众研网提交申请取消交易，申请合理即可结束交易，申请不合理则缴纳保证金后结束交易。线下如果沟通顺利，双方签订合作协议，需求方将样品邮寄给众研网，众研网将样品转交给提供方进行检测。检测结束后，提供方将报告发送给众研网，众研网提醒需求方全额付款，付款后即可查看检测报告。需求方若满意报告，众研网将款项付给提供方，双方互相评价，合作结束；若不满意，提供方则需反复改进报告，直至需求方满意。具体的检验委托流程如图3-9所示。

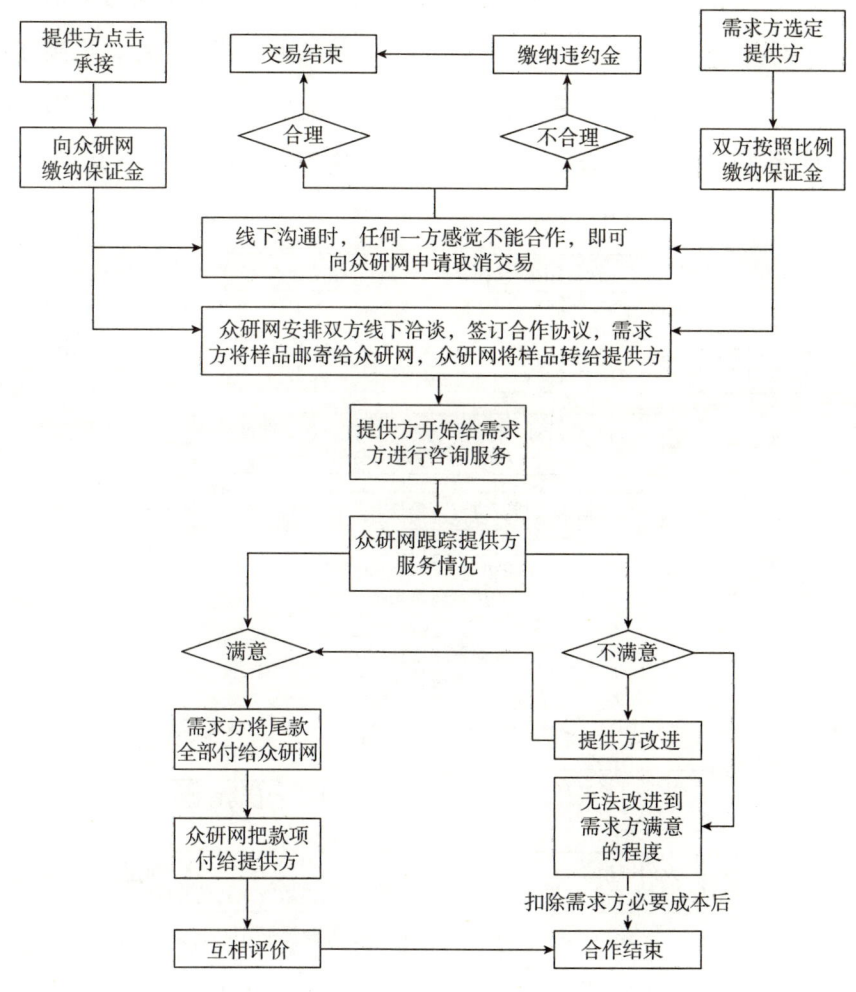

图3-9 检验委托流程

4. 咨询服务流程

咨询提供方点击承接向众研网缴纳保证金，需求方选定提供方，双方按比例缴纳保证金。先在线下沟通，如果双方任何一方感觉不合理即可向众研网提交申请取消交易，申请合理即可结束交易，申请不合理则在缴纳保证金后结束交易。线下如果沟通顺利，双方签订合作协议，提供方为需求方提供咨询服务。需求方若对咨询服务满意，将向众研网支付全款，再由众研网转交给提供方，双方互相评价，合作结束；若不满意，承接方则需反复改进，直至需求方满意，如果实在无法完成需求方的要求，则在扣除提供方必要成本后，合作结束。具体的咨询服务流程如图3-10所示。

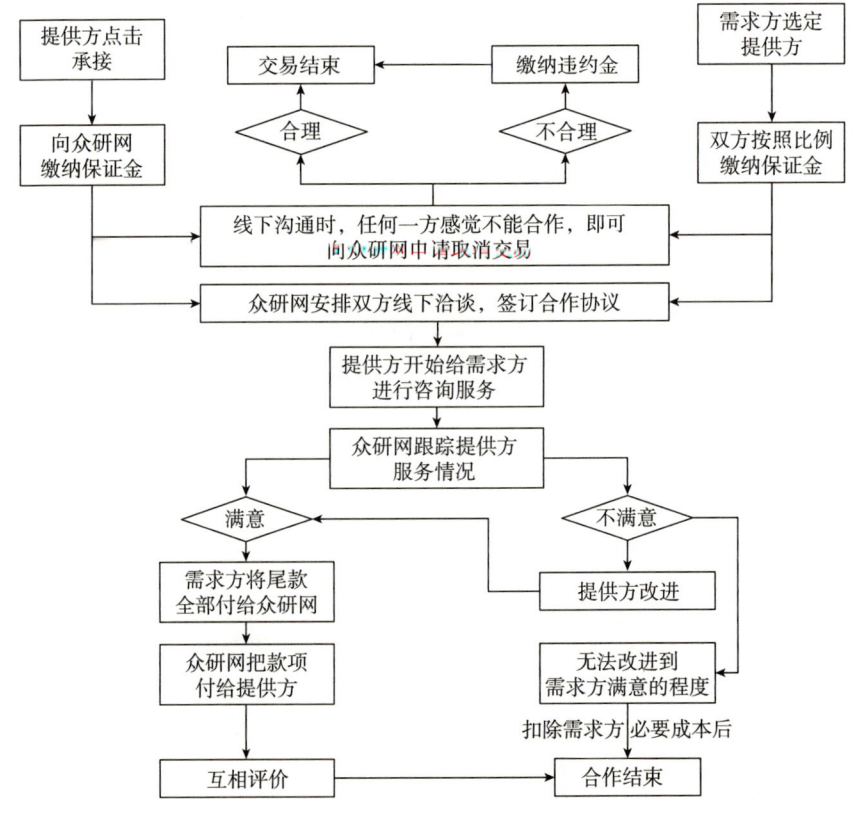

图3-10　咨询服务流程

三、以 TOE 模型看众研网建立的影响因素

众研网作为一个开放式创新平台,同时也是企业针对自身需要——实现"政产学研资"五个方面融合的创新性解决方案,是企业的一项大胆创新,本部分以"技术—组织—环境"(TOE)为理论框架,分析众研网建立的影响因素。TOE 理论认为,有很多影响创新采纳、实施和使用的背景因素,包括技术背景、组织背景和环境背景(见图 3-11)。技术背景因素包括技术的相对优越性、复杂性、兼容性等;组织背景因素包括组织规模、组织结构、组织文化、高层支持等;环境背景因素包括企业所处的行业规则、市场竞争程度、政府政策等。三者相互联系和制约,共同影响着企业的创新采纳行为和速度。

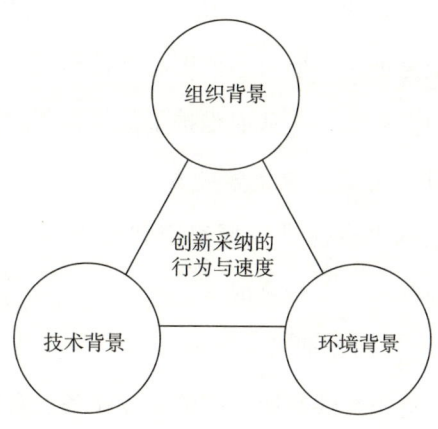

图 3-11 TOE 模型

(一)众研网建立的技术背景

随着互联网高速发展,互联网应用平台作为一种互联网技术形式也迅速发展。互联网应用平台是将互联网的信息技术与企业交易融合,提供快速灵活的信息分享与集成、沟通协作及互联网化资源共享的信息化平台。

众研网依托互联网技术构建开放式创新平台，是互联网平台的一种具体应用。

1. 互联网应用平台具有开放的架构

与传统平台相比，互联网平台能拓展企业内部员工、客户及合作伙伴的关系，打通产业链，整合社会资源，最终形成一个广泛的企业社会化网络，构建更广泛和强大的商业生态系统。众研网利用网站主体、即时通信工具及各类线上线下活动等构建开放平台，充分聚合各类资源，搭建各类主体的沟通桥梁，形成了适合自身的良性循环模式。

2. 互联网应用平台注重主体间交互沟通

在互联网的渗透下，沟通方式的多样性、便捷性日益突出，各参与主体被网络连接起来，形成了协作团体。高度交互可改善企业内部员工之间的沟通协作效果，促进企业与客户互动，构建新型的客户关系管理形式。众研网通过微信公众号推送、即时通信工具直接沟通等方式，多渠道强化企业内部联系及客户资源联系，从而维护了优质资源库。

3. 互联网应用平台有效降低搜索成本

众研网利用互联网平台促进资源集聚和资源分发，在资源搜索过程中，大大降低了时间、人力、资金成本。

（二）众研网建立的组织背景

丰富的内部线下资源有效帮助众研网开展业务。众研网具有专业人才储备：从内部人才资源来看，配备高级工程师、行业权威等高素质人才；从外部人才资源来看，高校的研究型资源、企业经验型资源均有覆盖。内外部人才综合管理，形成巨大的资源网。此外，资源网的扩展不断推动口碑效应发展。通过政府推广，众研网具有一定的公信力；利用企业传播，众研网在原有资源交互的过程中不断取得新资源，最终扩展为涵盖全产业链的资源。

(三) 众研网建立的环境背景

1. 政府积极推进"互联网+"与"双创"活动

近两年,随着移动互联网的加速发展,云计算、大数据、物联网等新技术更快地融入传统产业,包括金融理财、打车等民生领域,以及家电等传统制造业,PC 互联网时代升级为移动互联网时代,互联网技术与信息化工业化融合相结合产生新的机遇。经过"十二五"信息技术的基础打造,政府工作报告明确提出"互联网+"战略,大力推动信息技术和传统产业的"生态融合"。

此外,大众创业、万众创新成为中国经济转型和保增长的"双引擎"之一,充分显示出政府对创业和创新的重视。要推动产业链和价值链从低端转向中高端,保持经济持续稳定增长,必须通过大众创业、万众创新,建立以市场需求为导向的创业生态,充分激发和释放新的消费潜力,促使社会资本投向新技术、新产品、新业态和新商业模式,加速中国经济结构转型升级。

2. 技术转移行业处于发展初期

当前,国内技术转移行业刚起步,在固有文化及产权保护等方面与国外存在差异,行业发展模式不清晰、行业监管不足,存在诸如空壳平台、信息虚假、侵权等现象。

3. 市场呈现创新成果转换困难状态

创新成果转换面临技术转移利益分配问题、技术产权问题、技术评估问题,这些共同导致技术转移协议标准化难、技术转移流程不规范,使创新成果转换市场的调节能力低下。

通过上述分析可以得出,受技术、组织、环境影响,众研网作为开放式创新平台的建设是有必要的。基于技术角度,互联网应用平台的开放架构、多主体沟通及搜索成本降低的特性有利于众研网对内外部资源的构建维护;基于组织角度,丰富的内部线下资源和专业人才储备推动资源网深入发展及口碑迅速传播；基于环境角度，在"互联网+"与"双创"活动的有利背景下，参考技术转移行业发展初期特征，针对市场创新成果转换难的具体问题，企业选择建立众研网，可有效解决技术转移行业的多种问题。

第四节 国内外第三方开放式创新平台对比分析

我们将 InnoCentive 平台与众研网平台进行对比，通过对两者的战略使命和平台特性（业务流程、平台用户信息、项目/任务信息、沟通/交互方式）进行深入比较，以期解析两者存在差异的原因，进而对以众研网为代表的国内第三方开放式创新平台的发展建设提出对策建议。

一、平台战略使命对比

众研网借助自身积累的技术创新资源，致力于为各产业提供"互联网+科技服务+虚拟孵化器"的线上线下"一站式"服务，通过科技服务与虚拟产业孵化，解决企业、孵化器、园区、政府等机构面临的科技资源不足、产业集聚难、企业孵化难、企业发展难等一系列问题。

InnoCentive 致力于通过网络众包的方式帮助企业、政府和非营利组织解决难题。众包的对象一般为个人、公司或部门，他们针对企业面临的问题，为企业提供创新性的想法或实际可行的解决方案。InnoCentive 的众包方式，可降低企业解决问题时面临的风险。同时，企业的问题也可以更快的速度、更低的成本被解决。

众研网和 InnoCentive 虽然都致力于为企业或组织解决技术难题，但两者在为企业提供解决方案时的侧重点不同。InnoCentive 强调外部创新资源的重要性（低风险、速度快、成本低），以及解决方案的多样性；众研网更注重依靠自身积累的技术创新资源，以及解决方案的产业指导意义。

二、业务流程对比

众研网通过网络平台使需求方和提供方了解彼此的基本需求和基本项目建议，在达成初步合作意向之后再转到线下进行撮合，确定各项细节，签署合作协议（如图 3-12 所示）。

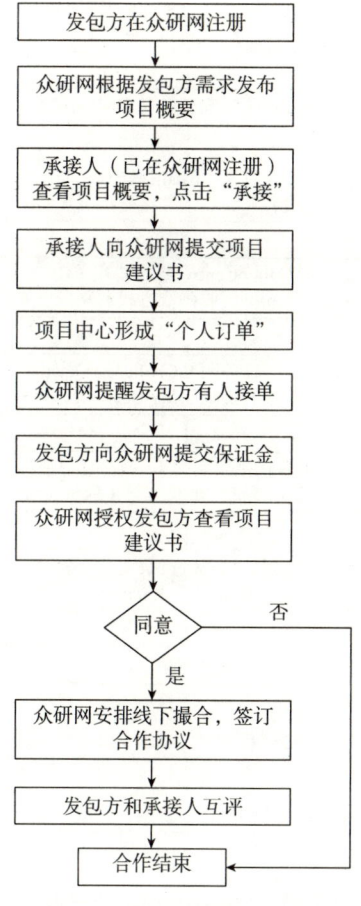

图 3-12　众研网业务流程

InnoCentive 为任务求解者和任务解决者之间的深入沟通提供了平台，在线上促成发包方和任务解决者之间的合作（如图 3-13 所示）。一是 InnoCentive 在发布任务之前协助发包方形成详细的任务方案，无须线下再议。二是 InnoCentive 提供求解者和任务解决者针对任务（不得交互个人信息）进行单独沟通的线上交互工具——"消息"（Message），其功能类

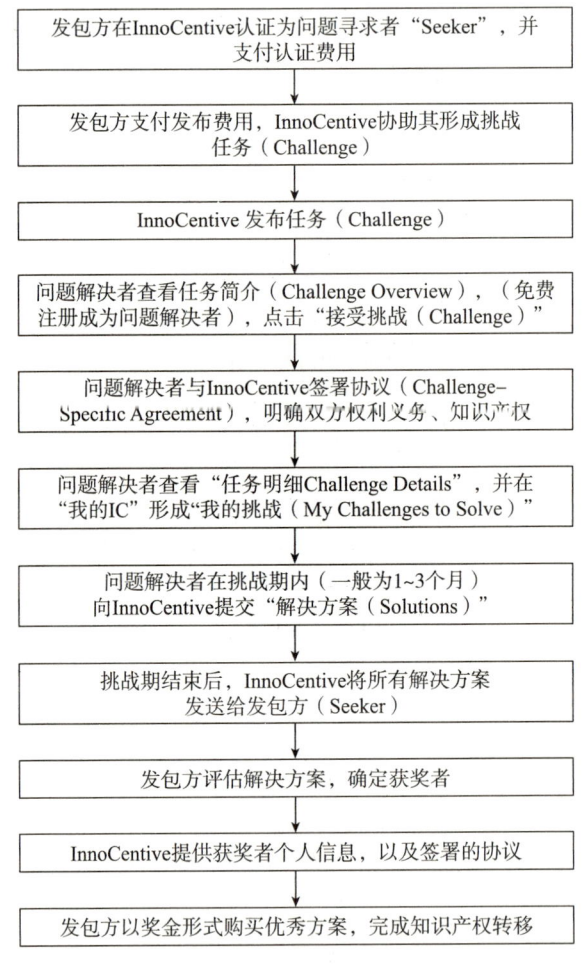

图 3-13 InnoCentive 业务流程

似电子邮件，InnoCentive 拥有对"消息"的查看权和保留权。三是线上签署合作协议。任务解决者接受挑战任务（Challenge），必须在线上签署协议（Challenge Specific Agreement），协议包括知识产权转移、奖金支付、保密条款等内容。当发包方拟以奖金形式购买解决者的知识产权时，InnoCentive 向发包方提供此协议。

三、平台用户信息对比

众研网将平台用户区分为个人用户和企业用户，不管是个人用户还是企业用户，其都要保证用户的真实性及注册目的的合理性，要求用户提供身份认证信息（身份证/营业执照），经过管理员审核才能成为平台用户。众研网一般采用电话回访方式，确定信息注册的真实性，识别注册企业的需求。

InnoCentive 将平台用户区分为问题解决者（Solver）和问题求解者（Seeker）。其中，问题解决者多为个人，可直接在网站注册，无需审核，注册只需填写国家、邮箱这两项个人信息，注册要求很低，没有电话回访，注册完成之后可继续完善个人信息，如真实姓名、地址、教育背景、工作经历、兴趣方向和专业特长、个人成就等。只有当问题解决者所提方案被发包方采纳，拟领取奖金时，才需向 InnoCentive 提供个人身份认证信息（如护照照片）。问题寻求方多为企业［如 Eli Lilly（礼来制药）；Enel（意大利国家电力公司）］、政府机构［如 NASA（美国国家航空航天局）］和非营利机构［如 Cleveland Clinic（美国克利夫兰医学中心）］，需要经过 InnoCentive 的认证，且要支付认证费用。

（1）企业用户。众研网和 InnoCentive 都对企业注册用户要求较严，都进行审核，安排电话回访，确保企业用户需求的真实性，并帮助企业甄别企业需求。

表 3-2 平台用户信息对比

	众研网	InnoCentive
个人注册	真实姓名、身份证号、联系电话、邮箱、所在地区、行业	国家、邮箱、是否接收发送新挑战任务的邮件（只有任务解决者领取奖励时，才需要提供身份信息）
个人注册是否需要审核	需要，电话回访	无，鼓励继续完善个人信息
企业注册	组织类型、企业名称、法人姓名、营业执照编号、联系电话、邮箱、所在城市、行业	企业名称、城市、国家、邮箱、联系电话
企业注册是否需要审核	需要，电话回访	需要，可能是电话回访（目前没有注册过 InnoCentive 企业用户/问题寻求方，只是推测）

（2）个人用户。众研网侧重个体用户信息的真实性，InnoCentive 鼓励完善个人经历和能力信息。

四、项目/任务信息对比

1. 项目/任务基本信息

众研网对项目/任务的基本信息描述较全。其中，项目/任务状态包括审核通过、接受投标、等待发包方缴纳保证金、准备线下对接、完成。项目总金额为意向金额，不是最终达成合作时的金额，也可将项目总金额设为"面谈"。

InnoCentive 对项目/任务的基本信息描述更为精准，严格按照截止日期停止接收解决方案。项目/任务状态包括挑战期内、评估中（Under E-valuation）、已经奖励（Awarded）。项目总金额为最终支付给问题解决者的实际金额，也可将项目总金额设为"面谈"。

2. 项目/任务发布方信息

众研网统一规定的项目/任务发布方信息为所属行业、所在地区、发布者信用等级。InnoCentive 根据发布方需求，若发布方希望公布其信息，则公布企业名称、企业简介；若发布方不希望公布，则不公布发布方任何信息。

3. 项目/任务承接方信息

众研网不公开项目/任务承认方信息；InnoCentive 公开任务的参与人数及承接者的地区分布情况。

在项目任务分类方面，众研网没有对"任务众包"版块中的任务进行细分，但分设"检验检测"项目和"认证"项目。InnoCentive 将项目/任务分为六类——想法、理论方案、付诸实践/原型、大数据分析、新型分子结构、技术服务。

4. 项目/任务描述

众研网设置"项目介绍"版块对项目/任务进行描述，但出于对商业秘密的保护，其描述内容非常简单，并不涉及具体细节，且只有网站注册用户可以查看"项目介绍"。

InnoCentive 对项目/任务的描述包括"任务简介""任务明细"两类。"任务简介"对任何人完全公开，"任务明细"只对接受任务的任务解决者公开。其中，任务明细即详细的任务方案包括：①任务详细描述和解决方案提交的要求（Detailed Description & Requirements），如发包方介绍、任务提出的背景、任务类型及详细描述、所提交解决方案需遵循的要求（指导方针、需回答问题……）；②项目标准（Project Criteria），如所提交项目建议书的要求、奖金分配方案、知识产权界定。

众研网和 InnoCentive 的项目/任务信息对比具体如表 3-3 所示。总体而言，众研网和 InnoCentive 对项目/任务信息的涵盖范围大致相同，但 InnoCentive 对细节和规范要求很严,有利于形成简单明了的业务流程,使发包方和承接方可以依据规范完成线上任务对接,另外,InnoCentive 还新推出网络研讨视频(Webinars)版块,由 InnoCentive 工作人员和发包方一同针对某项或某几项任务进行详细讲解,可使解决者更好地了解任务;众研网出于对商业机密的保护,基本不涉及细节,且在描述规范性方面也有待提高,同时也并未对任务进行细致分类,不利于需求方和提供方基于平台信息达成共识,更需要线下对接。

表 3-3 项目/任务信息对比

	众研网	InnoCentive
项目/任务基本信息	项目名称、编号、发布日期、截止日期、项目/任务状态、项目总金额	项目名称、编号、发布日期、截止日期、项目/任务状态、项目总金额
项目/任务发布方信息	所属行业、所在地区、发布者信用等级	有的有企业名称、企业简介,有的无企业名称、简介
项目/任务承接方信息	无	参与人数、地区分布
是否有项目/任务分类	无	有
对项目/任务的描述	条目"项目介绍",无规范模板,项目/任务描述简单	条目"任务简介""任务详细描述和解决方案要求""项目标准",对项目/任务描述清晰
其他项目/任务信息	无	网络研讨视频(Webinars)

五、沟通/交互方式对比

众研网采用一对一的交互方式进行任务对接,即每次只允许一个提供方和一个需求方进行沟通/交互,基本为线下协商,确定各项细节,线下签署合作协议,此次合作达成后,下一个提供方才能有资格和此任务需求方协商。

InnoCentive 是一对多进行任务对接，即一个任务求解者同时面对多个承接方/问题解决者。问题解决者接受任务时，需与 InnoCentive 签署线上协议。此外，在任务中，InnoCentive 提供发包方和任务解决者针对任务（不得交互个人信息）进行单独沟通的线上交互工具；在任务之外，InnoCentive 提供方便任务解决者进行交互的社区和群组。

众研网和 InnoCentive 沟通/交互方式对比具体如表 3-4 所示。

表 3-4 沟通/交互方式对比

项目	众研网	InnoCentive
交互方式	一个需求方对一个提供方	一个求解对多个问题解决者
交互工具	线下	"消息"（Message）
协议签署	线下签署	线上签署
承接方之间的交互	无	InnoCentive Solvers LinkedIn Group InnoCentive Winning Solvers LinkedIn Group InnoCentive Facebook Group InnoCentive Twitter

六、国内外第三方开放式创新平台的差异原因分析

众研网和 InnoCentive 在平台战略使命和平台特性（业务流程、平台用户信息、项目/任务信息、沟通/交互方式等）上存在诸多差异，这与中国和欧美所处的大环境背景差异是密不可分的。除此以外，二者基于平台战略使命的侧重点不同，两个平台重点服务的项目/任务的类型不同，从而导致两个平台呈现出较大的平台特性差异。这一方面由中美大环境背景

决定，另一方面则由两个平台本身的特性决定。

（一）中美大环境差异

1. 中美文化环境差异

Geert Hofstede 教授通过大量实证得出中美文化在以下三个方面存在较大差异：

（1）权力距离指数（Power Distance Index，PDI），中国远高于美国。这表明中国社会尊崇地位、强权、集权，美国更重视人与人之间地位、机会的平等，是否对某事负责、分权。所以，美国环境中的 InnoCentive 可以自觉遵守 InnoCentive 制定的交互规则，发包方和问题解决者之间，以及众多问题解决者之间可以通过在线方式平等沟通、交流。而中国更习惯于遵从层级制度体系，自上而下执行任务。

（2）个人主义（Individualism，IDV），美国远高于中国。美国文化强调个体独立和自由、以自我为中心、交流中观点鲜明。中国文化并不强调个人，而是强调家庭式的观念和情感依赖，其核心价值是融入团体、关系比任务更重要。因此，在中国，当发包方和承接方素未谋面，两者未产生任何关系时，彼此之间很难建立信任感和好感。众研网选择线下任务对接，线下面对面交谈更有利于情感交流，更有利于建立合作关系。

（3）长期取向文化（Long - Term Orientation，LTO），中国远高于美国。这表明中国更强调长期承诺，忠于传统，惯于固守前人的思想和价值观，而美国更容易突破传统和承诺。因此，与美国人勇于创新的传统相比，中国人很少在工作之余仍有积极创新的动力。此外，中国企业在引入外部创新时，对外部创新的内部整合力欠佳。这都对众研网提出了更高的挑战，要求其不仅要有过硬的技术服务能力，还应当针对国内创新能力和整合能力欠佳的问题，发挥积极作用，补足企业短板，帮助企业分析问题，制定开放式创新方案，并帮助企业将创新方案在企业内部实现转化，提高企业的开放式创新绩效。

2. 中美知识产权环境差异

美国于20世纪70年代就开始实施知识产权战略,通过强调政府机构之间的协作,从国家层面整合各种资源,不断加大知识产权保护力度,是全世界知识产权保护较好的国家。为了适应生物技术、信息通信技术的不断发展,美国政府修改完善了《专利法》《版权法》《商标法》,及时将生物科技、计算机软件、电子商务、商业方法、金融产品、数据库等新技术纳入知识产权的保护范围,以求在强化原有知识产权保护的同时保护本国最新的研发成果,维护知识产权安全。中国于2008年颁布实施《国家知识产权战略纲要》,以改变经济增长方式,实现可持续发展战略。目前,我国对外技术的依存度超过50%,同时国内民众的知识产权意识淡薄,个人或企业都不知道怎样维护自己的权益,且相应的法律规范尚不完善,所以中国的知识产权环境并不乐观。

另外,美国非常重视高新技术的转移和扩散,是西方科技成果转化率较高的国家,为70%~80%。一是政府的规范引导。通过不断制定和修改完善,美国已经形成较为完整的技术转移法律体系,有力地促进和保障了企业的技术创新和技术转移。二是政府对自己投入研发的项目承担成果转化责任。美国政府把科技成果转化纳入相关部门的职责中,制定了有效的政策措施,从而进一步推动了政府支持的研究开发成果的商业化。三是通过大学、研究机构和企业的产学研合作,推进和实现技术转移。为加强与企业的合作,美国研究型大学和国家实验室均建立了技术许可办公室等专门从事知识产权管理和技术转移的机构,这些技术转移机构对科技成果进行分析评估,帮助教授和研究人员获得专利许可,代表学校和实验室与企业界商谈技术转让事宜,并帮助企业获得技术许可。

针对商业机密,美国各州有商业秘密保护的成文法。另外,美国比较重视商业道德，讲究诚实信用原则，就算没有签订保密协议，只要双方当事人之间在事实上存在信用关系和保密关系，则可判定当事人负有保密义务和不使用义务；违反义务的行为则被视为侵犯他人的商业秘密，应当承担法律责任。

中国建立市场经济的时间还不长，竞争也是在近年来才得以真正地开展，虽有相关立法，但市场上的不正当竞争行为仍普遍存在。美国作为反垄断、反不正当竞争制度建立较早的国家，市场秩序较规范。

因此，在如此悬殊的中美知识产权环境背景下，众研网出于对知识产权和商业机密的保护，有意简化平台上公布的项目/任务描述，是迫于国内知识产权环境的无奈之举，以免因此发生不必要的纠纷。而 InnoCentive 敢于公开项目/任务明细，要求任务解决者在线上签署协议，是与其良好的知识产权环境分不开的。另外，国内各企业间不正当竞争行为较为普遍，盗版、山寨、企业之间恶意竞争现象等层出不穷，企业与企业间的信任度较低，所以，众研网一要线上线下相结合打通企业间彼此信任的关卡，二要采取必要手段防止不正当行为，如有意抹去发包方的企业信息，不让其他企业知道，加强平台用户实名注册的审核机制，以防恶意注册，等等。

（二）平台特性差异

1. 任务—技术匹配理论介绍

任务—技术匹配为我们对众研网和 InnoCentive 进行对比提供了理论依据。任务—技术匹配理论是信息系统领域一个重要的理论，以 Goodhue 和 Thompson（1995）的阐述为主。任何一种信息技术都体现出自身技术特性，这种技术特性与应用 IT 所要解决的任务之间存在一种匹配关系，只有当技术和任务相匹配，即 IT 技术特性能够很好地支撑任务的完成时，才会使 IT 的应用产出良好的任务绩效，如图 3-14 所示。对开放式创新平台而言，平台本身就是一种信息技术应用，因此，依据任务—技术匹配理论，平台所呈现出的平台特性需要与平台上的项目/任务相匹配，即平台能够提供完成项目/任务的一切所需。

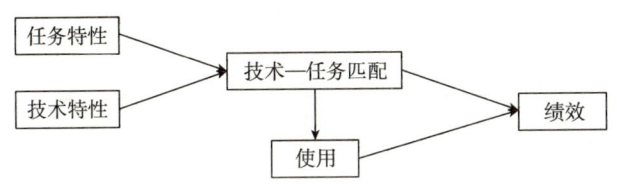

图3-14 简化的技术—绩效链模型

资料来源：Goodhue D L, Thompson R L. Task - technology Fit and Individual Performance [J]. MIS Quarterly, 1995, 19 (2): 213 - 236.

此后，Zigurs 和 Buckland（1998）结合任务复杂度和任务的行为要求，将任务分为五类——简单任务、解决问题、决策制定、评价、模糊任务，从三个维度——沟通支持、流程结构、信息流程对信息技术进行技术特性阐述，提出任务—技术匹配组合，如表3-5所示。其中，沟通支持是指信息技术是否支持或提高了使用者相互交流的能力，是否可以同时交互、匿名交互，彼此或群体是否都能查看交互内容。流程结构是指使用者通过开放式创新平台完成创新任务的流程。信息流程是指聚集、共享信息的能力，也指一个问题的信息结构是否清晰明确，一个问题的解决方案在很大程度上依赖于这个问题如何被表述、如何被分解。

2. 众研网和 InnoCentive 的任务类型差异

通过对两个平台上的任务/项目类型信息进行收集，笔者发现两者在重点服务的创新型项目/任务类型上存在显著差异。

表3-5 任务类型和技术维度的匹配组合

	沟通支持维度	流程结构维度	信息流程维度
简单任务	高	低	低
解决问题	低	低	高
决策制定	低	高	高
评价	高	低	高
模糊任务	高	中等	高

资料来源：Zigurs I, Buckland B K. A Theory of Task/Technology Fit and Group Support Systems Effectiveness [J] . MIS Quarterly, 1998：313 - 334.

目前，众研网没有对"任务众包"版块中的任务进行细分，笔者对目前平台上的35项"任务众包"项目（包括"在进行"和"已完成"的项目）进行人工分析，发现大部分为"技术服务"类型，即需要承接方向发包方提供新技术，或共同研发新技术；此外，众研网分设了"检验检测"项目和"认证"项目，分别有36项和2项。

截至2016年4月22日，InnoCentive平台上共有"在进行"（包括"挑战期内"和"评估中"的项目）项目61项，大部分为构思型、理论型、付诸实践/原型类型项目（见表3-6）。仅有一项技术服务项目——阿斯利康制药有限公司（AstraZeneca）在寻求一种可以自动检测药物浓度的系统，承接方被要求在任务期内提供初步项目建议书（包括非机密信息和联系方式），最后由阿斯利康制药有限公司来评估众多承接方提交的项目建议书，并从其中选择合适的合作伙伴，具体协议金额视最终商议情况而定。

由以上对比可见，众研网和InnoCentive重点服务的项目/任务类型显著不同。

表 3-6 InnoCentive "在进行" 项目概况

项目/任务分类	数目	比例（%）
构思型（Ideation）	22	36.07
理论型（Theoretical）	21	34.43
付诸实践/原型（Reduction-to-Practice, RTP）	17	27.87
技术服务（Electronic Request for Proposal, eRFP）	1	1.64
总计	61	100

3. 众研网和 InnoCentive 的平台特性差异

依据任务—技术匹配理论可知，众研网和 InnoCentive 的任务类型差异是造成两平台呈现不同特性的一个重要原因，两平台的特性对比见表 3-7。

InnoCentive 重点服务的任务类型（98.36%）为构思型、理论型、付诸实践/原型类型，属于 Zigurs 和 Buckland 划分的"解决问题"型的任务。此类型任务对发包方和问题解决者之间的交互沟通能力要求较低，只需简单的线性业务流程结构，但对信息流程能力要求甚高，即通过开放式创新平台所传达的信息结构需要足够清晰明确，也就是说 InnoCentive 需要向平台用户传达准确无误和足量的信息。一方面，InnoCentive 形成专业团队帮助企业准确地识别和分解问题，形成清晰和详细的项目/任务描述；另一方面，InnoCentive 使项目/任务描述规范化，将企业的问题以规范的项目/任务描述形式进行发布，并规定预期解决方案的形式，界定知识产权。

表 3-7 平台特性对比

技术特性维度	InnoCentive——解决问题	众研网——模糊任务
沟通程度	低，侧重线上沟通 任务中："Message"，电子邮件沟通；网络研讨视频 任务外：在 Facebook、Twitter、Link-In 建立社交群	高，侧重线下深度沟通 任务中：线下多次面谈 任务外：平台用户之间无正式沟通渠道
业务流程	低，线式流程，简单明了	中等，规范化流程
信息流程	高 InnoCentive 专业团队帮助企业识别和分解问题 详细的项目/任务描述 以网络研讨会形式详细讲解任务	低，与理论不符 项目介绍无规范模板，信息结构较差 项目/任务描述简单，信息量不足

众研网更侧重"技术服务"，涉及协商的步骤较多，可变因素多，不同技术服务项目涉及的协议条款各异，属于 Zigurs 和 Buckland 所划分的"模糊任务"型，需要较高的沟通程度和信息流程能力，以及规范的业务流程。目前，众研网主要采取电话邀约、线下多次面谈的方式进行发包方和承接方的项目对接，沟通效果甚好，但沟通成本相对较高。同时，众研网已经形成规范化的业务流程，有利于项目成功对接。此外，众研网需要的较高的信息流程能力，指通过众研网所传达的信息结构需要足够清晰明确，且信息要足量，使承接人可以清楚知道任务的类型和要求，以及评估自己是否有能力接包。然而，目前众研网的线上平台并没有展现出良好的信息流程能力，项目介绍无规范模板，信息结构较差，项目/任务描述简单，信息量不足。低信息流程不利于产出高绩效，这是众研网正面临的问题。

综上，中美的文化背景和产权环境差异，以及众研网和 InnoCentive 重点服务的项目/任务类型的差异，使得两平台呈现出不同的特征。此外，有一点也不容忽视，即众研网本身尚待完善，与成熟的 InnoCentive 在技术上仍存在差距。InnoCentive 已成功运营 15 年，解决 2000 余项创新难题，积累了丰富的平台设计和运作经验，而众研网仅运行不到两年，尚年轻，处于快速成长阶段，仍面临诸多问题，如众研网在信息流程方面尚待完善，仍需众研网继续进行平台运作模式和平台技术应用的深入探索，使其逐步完善。

七、基于 IT 应用的国内第三方开放式创新平台对策分析

通过前文对众研网和 InnoCentive 进行的差异对比和原因分析，可知众研网呈现的平台特性具有必然性，仍存在待完善之处。本部分拟从信息技术应用入手，基于中国大背景环境，以及国内企业的开放式创新现状，对众研网及国内第三方开放式创新平台的发展提出切实可行的建议。

（一）提高自身的 IT 能力，深化 IT 应用

众研网自建立以来，开展了众多 IT 应用，收获了一定成果，如众研网网站（www.zoneyan.com）、微信公众号（zoneyan777）、QQ 群、E-mail 列表等，IT 已成为众研网模式运作中一个重要的工具和手段。但众多实证表明，并不是每一项 IT 应用都能顺利达到企业预期目标。企业能够有效利用 IT 达成企业目标的能力被定义为 IT 能力。这不仅需要企业有能力将企业业务和 IT 应用无缝糅合，构建灵活和可重复使用的 IT 基础设施，而且还需要工作人员能有效使用 IT。首先，企业高层应重视 IT 规划，将 IT 规划纳入企业长远规划，形成能与业务紧密衔接的 IT 目标；其次，明确 IT 应用与业务的流程关系，以及各 IT 应用之间的关系（是否互补，是否存在冗余等），明确 IT 应用如何为企业带来价值；再次，明确各 IT 应用对应的企业需求，并制定相应细则，用于检查 IT 应用是否能够有效达到预期目标；最后，形成 IT 应用手册，培训工作人员，使工作人员能

按照 IT 规划的初衷，有效使用 IT。

（二）完善知识产权正式条款，指导企业技术转移规范化

因中国的大产权环境不容乐观，众研网只把技术服务中的"意向达成"环节放在线上，将重头业务及协议签署都放在线下，这势必带来高昂的磋商成本（时间成本、多次往返成本等）。中国虽大环境并不甚好，但并非无法可依，最关键的仍是企业很多时候缺乏维护知识产权的意识。近年来，中国越来越重视知识产权战略的推进，这必将会进一步推动国内的技术转移和扩散的规范化。众研网应抓住机遇细研相关法律法规，使自己在与技术转移相关的知识产权方面形成正式条款，并在平台发布，倡导企业都来签署并遵守此知识产权规则，进一步指导技术转移和扩散的规范化。

（三）加强信息流程建设，明确任务细分标准和任务信息内容

依据任务—技术匹配理论，目前众研网尚需要提高自身的信息流程能力，以使任务信息能达到一定的清晰度和明确度，并保证有足量的信息，使承接人可以清楚知道任务的类型和要求，进而评估自己是否有能力接包。

目前，众研网上的技术任务并无细分标准，描述粗略不规范，建议其制定任务细分标准。众研网可参照 InnoCentive（依据任务涉及的技术知识深度和知识产权处理方式等），也可根据技术转移的方式（如技术转让/交易、合作研发、战略联盟技术共享等）等，对任务进行细分，针对每一类任务，分别从两个方面规范其信息结构和内容。①任务描述：技术任务提出的背景、任务类型、任务所需专业知识、任务详细描述等；②项目标准：所提交项目建议书应遵循的要求（指导方针、需回答的问题……）、知识产权界定、技术转移的合作模式和流程、资金交接方案等。

（四）继续加强与企业之间的协作，共同解决企业开放式创新难题

作为开放式创新平台，不仅要广泛罗列企业的创新需求和解决方案，更重要的是要能够通过此平台真正帮助企业解决创新问题。目前，众研网服务的多为中型企业，这些企业虽已经认识到企业本身具有开放式创新的需求，但很多企业根本不知道该如何实现"让自身技术走出去"和"让外部技术跨进来"，缺乏让自身技术走出去的意识。同时，在吸收外部创新为内部应用时缺乏经验，不敢轻易引进外部技术，效果差强人意。

众研网应从此切实问题入手，首先，通过各种IT渠道培育企业的开放式创新意识，向其讲解开放式创新的流程和积极作用；其次，打造一支可以帮助企业细化创新任务的专业团队，帮助企业识别面临的技术问题的性质、特征、预期解决方案，以及涉及的法律条款，使企业形成规范的项目/任务描述，提高创新效率；最后，提供更多后期服务，帮助企业更好地将外部创新资源内化为企业内部资源，提高企业创新绩效。

（五）重视发挥互联网优势，积极推广创新平台

开放式创新平台相对于线下交流的优势，就在于其突破了时间和地域的限制，InnoCentive平台利用此优势聚集了来自全球200多个国家近40万名创新者。在日后的发展过程中，众研网应该重视发挥互联网平台的天然优势，积极进行平台推广和外部链接，可以在平台首页添加案例展示，介绍众研网的成功案例，使用户可以通过平台深入了解众研网，实现平台依托互联网产生资源集聚效应，大大降低依靠参加会议和举办大赛进行资源聚集的成本。

第四章　信任是第三方开放式创新平台的发展瓶颈

信任是促进各种组织之间承诺和合作高效手段。开放式创新过程中的不确定性和复杂性往往会阻碍创新交易的进行，而信任作为减少不确定性和复杂性的机制，不仅是企业与第三方 OIP 组织间形成合作的基础，也是创新交易行为发生的前提和保证。本章试图从企业与第三方 OIP 合作的现实情况出发，在资源编排理论视角下，构建企业对第三方开放式创新平台的信任演化过程模型。本章研究表明：在不同的业务阶段，第三方开放式创新平台不同的资源编排导致企业对其形成的信任不同，企业对第三方开放式创新平台的信任演化过程是从计算信任演变到能力信任，再演变到关系信任。研究结论对解决"第三方开放式创新平台如何获取企业对其信任"这一瓶颈问题，促进我国第三方开放式创新平台良性发展具有实际的指导作用。

第一节 第三方开放式创新平台发展的瓶颈问题

随着知识经济时代的来临,面对日趋激烈的全球技术竞争和市场竞争,传统的封闭式创新模式已经越来越不能适应企业发展与社会适应的需要。在开放式创新的思维之下,我国企业要通过利用外部的资源和能力来实现企业的技术创新的目标,进而增强企业的综合竞争优势,因此第三方开放式创新平台便成为一种新的较好选择。虽然开放式创新模式在国内外广泛应用,但是我国国内对企业开放性创新的理论研究和实践应用与发达国家企业相比还有较大差距,存在着制约第三方开放式创新平台发展的多种瓶颈问题,需要深入开展研究。

1. 创新链条缺乏,创新能力比较差

创新并不是一件简单易行的事情,而现阶段第三方开放式创新平台一个比较严重问题是创新能力不强。首先,产学研得不到有效结合。在很多高校的创新项目中,并没有对创新过程进行有效的分工,即使研究出价值较高、前景较好的科研成果,高校先自行转化,而在之后的创新发展中,已转制的科研院所和相关行业的企业形成市场竞争关系,因此,产学研没有得到有效结合。其次,创新链条并不完善。在初步的创新结果形成之后,创新链条不完善,特别是中间环节存在缺失,导致产业共性技术的研发甚至产业化不规范,无法建立新的产业共性技术研发组织。最后,创新平台规模太小。创新机构规模太小,而创新人员层次不高,因此研发能力相对较弱。并且,在一些特定的行业,如块状经济所需的行业,提升改造技术研发水平及技术推广仍然需要依靠地方政府的力量。

对于民营企业来说，虽然市场活力是一个很大的强项优势，但是科技创新能力也是一个较大的弱项。很多企业家很擅长企业管理和市场营销，但是并不擅长科学技术的发展及管理。较多企业偏重规模扩张和硬件设施的完善，以资本来换取国外先进装备，购买新的技术，但是忽略了自主研发投入，而仅依靠购买的技术和装备根本无法掌握核心技术，无法达到领先的程度，投资风险相对较大，低水平的产能过剩现象较多。企业创新能力仍存在一些问题，企业的创新成果水平不高，对外来技术的消化吸收投入偏低。因此，我国企业的创新能力仍不足。

2. 校企协同不足，资源利用效率低

公司企业的竞争归根结底是人才的竞争，哪个企业拥有人才上的优势，哪个企业最后就会拥有实力上的优势，对于开放式创新平台来讲，自有的创新人才也占了创新平台人才的一部分，而另一个很重要的人才构成部分便是高校人才。高校是科技创新的重要力量。高校的原始性创新能够为科技创新提供良好的开端。高校的创新优势在于高素质人才的聚集、高精尖技术的研发，以及高级国际资源的汇聚。相对于内部技术源来说，高校作为企业的外部技术源，能够为企业带来很多高效的创新技术及创新成果，已成为很多企业进步的重要途径。但是，我国的校企合作创新仍存在合作水平低、合作效率差、知识产权保护机制不完善等问题。与发达国家相比，这些差距主要体现在协同创新的高度分化和多元化：建立学校和企业的产业研究基地，形成长期稳定的战略联盟伙伴关系，关系产权在建立研发实体方面很难实现各种校企合作创新形式的有效互补。而依靠纯项目合作的校企合作有很大的局限性，因为没有战略性平台，就不可能形成一个可持续性的机制。

由于我国学校与企业之间的协同创新缺乏有效的沟通与参与，高校、科研机构与企业之间有效的分工尚未形成,同时创新的功能越来越相似。因此,校企合作的供需不能有效整合,信息渠道不完善、信息不对称、工作机制不完善等问题更加突出。高校教师缺乏对公司技术需求的认识,了解的内容比较单一;另外,企业缺乏对高校科研优势和条件的认识,导致高校科研资源利用率低下。

3. 管理人才缺失,运营团队能力弱

首先,从运营的团队方来讲,第三方开放式创新平台专业需要一个完整的团队来管理和运营。第三方开放式创新平台的运营与其他平台运营一样,都需要一些专业人才,这些人才了解某领域的专业知识且需要擅长媒体运营,而这方面的专业人才并不多,宣传策划方面的工作人员更是十分地罕见。相对于社交平台和电商平台等发展较为成熟的平台,第三方开放式创新平台本来发展得就较为缓慢,在运营和维护方面投入的资金相对较少,人才的专业性和运营经验也急需提高。除了专门的运营人员之外,IT技术人员也相对较少,导致平台搭建的专业性较低,技术深度不足。如果要对运营有一个整体的规划,首先需要专业人才对资源技术进行整合,构成统一协调,相互合作的机制。第三方开放式创新平台的运营缺乏长远的、整体的发展战略,不利于对平台运营统一布局,也不利于高效地利用资源。如果大部分的第三方开放式创新平台缺乏长远规划,在平台运营的时候,难免会顾此失彼。

此外,如果从建设方的角度来看,第三方开放创新平台的运营与沟通是一个需要不断投入的大项目。从研发、推广、策划到维护等各个环节,平台的运营都需要提前投入,这些环节不仅是第三方开放式创新平台成功运营的构成要素,是缺一不可的,也是需要投入大量资金维护和改善的。这段投资期时间相对较长,任务较为复杂,如果平台建设者在第三方开放式创新平台运营初期投入过多的人力、物力、财力,而缺乏投资的连续性，在之后中期和后期投资较少，就会逐渐失去平台用户对平台的信任和认可，导致用户越来越少，无法实现平台的运营目标。

4. 知识产权匮乏，知识权益欠保障

在第三方开放式创新平台收集各种创意的过程中，知识产权的保护显得尤为重要。如今在知识产权方面的问题包括：第一，缺乏知识产权价值的专业评估团队，知识产权定价环节缺失，无法正确合理评估科研成果的转化价值，这是创新成果孵化产业链断裂的最基本的原因；第二，知识产权转移缺乏制度创新保障，因为第一个原因，知识产权缺乏权威的定价，当涉及知识产权的转移时，会造成转移双方的不信任，而这时又缺乏足够的保障来确保知识产权的权利，因此阻碍了科研成果的产业化；第三，知识产权保护措施不够，因为第二个原因，知识产权的转化缺乏保护，当存在转化纠纷的时候，没有很好的措施来保护和调节，只能选择司法程序来保护，而这种方法成本太高，特别是对高校教师而言，因此这也是创新路上的阻碍。

5. 管理运行欠缺，协调机制不完善

第三方开放式创新平台的管理者像很多其他的平台一样，比较注重前期资金投入，缺乏中期和后期的管理运行机制，创新平台管理机制中的开放模式、组织结构、绩效考核激励机制等制度建设仍不完善，只有进一步完善运行机制，协调集中资源，才能提高总绩效。另外，在一些企业之间的合作缺乏有关部门的有力协调，因为产权隐私等问题，缺乏技术成果分享机制，因此内容相近、技术相似、结果同质的课题较多，社会资源没有得到有效的整合。大多数高校院所及企业创新部门各自发展，缺少团结合作，因此投资资源重复，未能将有效资源合理利用。

平台的有效运作协调机制也是用户利益的保障。第三方开放式创新平台投入使用后，有效的运营和管理也是平台管理方必须面对的难题。与社交平台和电商平台类似，如果第三方开放式创新平台缺乏相应的运作机制或者机制运作不通畅，就会出现一些违法违规的操作，这些操作会影响整个平台的环境。另外，在平台用户使用时，可能会产生一些投诉的行为，而对这些行为的处理也需要平台方和第三方开发者之间的协调。这些问题的存在要求我们建立一个有效的运作协调机制，以迅速响应用户利益需求，提高管理效率。

6. 企业参与偏少，信任机制未建立

企业对第三方开放式创新平台的参与度偏低，平台吸引企业和社会机构投入的动力机制还未建立。在企业研发、开拓市场、中介服务、产业化、人才、融资等多个环节，我国财政专项资金都有相关的政策资金支持，但重点不够突出。由于第三方开放式创新平台的使用效率没有社交媒体等更加具有广泛性特质的平台高，再加上企业对第三方开放式创新平台的资质、能力、交易机制等方面的不信任，导致企业的参与率也较低，因此资源使用效率较低，尚未建立资源拥有者、使用者和经营者各方一致认同的运行机制。同时，对于政府而言，如何支持平台、促进企业自主创新的机制也在探索中。

第二节 信任对第三方开放式创新平台的影响

一、组织间信任

在合作关系中，参与合作的组织之间互为信任方和被信任方，双方之间的信任共同构成了组织间的信任。本章从第三方 OIP 运维角度出发，重点考虑如何获取企业对第三方 OIP 的信任，所以本章仅研究单向信任关系，即企业对第三方 OIP 的信任。企业对第三方 OIP 的信任是指企业对第三方 OIP 不会做出违背企业意愿的行动的心理预期。

组织层面的信任研究，主要集中在校企之间、产业集群内、供应链企业之间、众包平台参与方之间的信任问题研究。研究表明，信任对知识交易、组织合作绩效有正向影响，有利于企业集群的变革，并提出增进信任的多种机制。

对于信任演化分析的研究，多集中于信任建立过程的分析，属于动态研究，可以弥补静态研究中对于反馈和双向因果关系研究的缺失，重在反映出各种因素在不同的时间段的作用以及信任演化的各个状态之间的影响关系。现将信任动态演进过程的代表性研究成果整理汇总如表 4-1 所示。

表 4-1 关于信任建立过程的研究成果整理

研究	信任的动态演进过程	各个阶段的信任的含义
Lee 和 Choi (2011)	初始信任 持续信任	初始信任：在没有先验知识背景的情况下信任他方的意愿，即在没有另一方的任何第一手信息和经验的前提下，一方认为另一方将执行将导致有益结果的动作积极信念。 持续信任：一方在交换关系中对合作伙伴的可靠性和完整性的积极信念；它们来源于观察与实践的相互作用。持续的信任是动态的，无论它是处于新的还是持续的关系。由于经验和与合作伙伴的交互，其可能随时间而被修改
谭云清、刘志刚、李元旭 (2011)	计算信任 能力信任 善意信任	计算信任：委托方会对受托方的行为成本和行为收益进行理性的比较。当委托方察觉到受托方的欺骗或从事机会主义行为的成本大于此类行为的收益时，委托方对受托方的信任就出现了。 能力信任：委托方根据现有证据评价受托方有能力履行承诺。 善意信任：委托方意识到受托方除了有追求自我利益的动机之外，还愿意关心委托方的利益并愿意追求共同利益的程度

续表

研究	信任的动态演进过程	各个阶段的信任的含义
Zucker（1986）	基于过程的信任 基于特征的信任 基于制度的信任	基于过程的信任：一种与过去或预期的交易相关而建立的信任。 基于特征的信任：一种与人相关，基于社会特征建立的信任。 基于制度的信任：一种与正式社会结构相联系，基于个体或企业特有的属性或中间机制而建立的信任
Mayer, Davis 和 Schoorman（1995）	能力信任 仁慈信任 诚信信任	能力信任：能力是一组技能、能力和特征，使一方能够在某一特定领域具有影响力。受托方在某些技术领域可能具有高度的竞争力，使得委托方能够相信受托方可以完成与该领域相关的任务。 仁慈信任：仁慈是指受托方被认为除了自我中心利益动机之外，希望对委托方做好事的程度。仁慈信任是委托方对受托方的积极方向的看法。 诚信信任：受托方坚持诚信的基本原则，委托方基于此，对受托方形成的一种信任。如政党中的成员有强烈的正义感，而且行动与话语的一致程度高，则该政党被认为是可信的

注：以上表格为作者整理。

由表4-1可以看出，关于信任演化阶段的研究结论有着多样性，这与研究问题的情境、国家文化、法律体系等有着一定的关系。在西方契约型国家文化下和商业合作关系中，基于制度的契约型信任较多，而在以关系为主的中国文化下或者政策型的合作关系中（如校企合作、产学研合作），则更偏重于认知型信任和关系型信任。但也有在同质化的组织关系中出现的不同信任演进路径，如软件外包合资企业与母公司之间的信任关系遵循"关系型信任—了解型信任—谋算型信任"的演变过程，而软件外包本土企业的信任关系则遵循"谋算型信任—了解型信任—关系型信任"的演变过程。因此，不同情境、不同合作关系的组织之间的信任演化呈现出多样化的特点，关于在开放式创新背景下，企业对第三方OIP的信任关系，需要在借鉴前人研究成果的基础上，结合实际情况进行研究。

二、企业对第三方开放式创新平台的信任

尽管第三方 OIP 已经吸引了众多企业，取得了较好的社会效益，但是这期间的诸多问题却阻碍了平台的进一步发展。企业对第三方 OIP 的信任问题即是一个突出瓶颈。由于我国知识产权保护体系尚待完善，开放式创新交易机制未形成规范，所以，企业与第三方 OIP 合作存在诸多顾虑，如创新交易效率不高，供应方的投机行为等。这些信任问题将阻碍第三方 OIP 的发展。

信任是促进各种组织之间承诺和合作高效手段。开放式创新过程中的不确定性和复杂性往往会阻碍创新交易的进行，而信任作为减少不确定性和复杂性的机制，不仅是企业与第三方 OIP 组织之间形成合作的基础，也是创新交易行为发生的前提和保证。

第三节 企业对第三方开放式创新平台的信任演化过程

一、研究设计

1. 研究方法

本书选择单案例研究方法进行探索性研究。理由有三点：其一，本书关注企业对第三方 OIP 的信任是"如何"演进的，属于回答"HOW"的问题，并且本书选择过程视角，旨在展现一个信任演进的动态过程，因

此,适合采用案例研究方法。其二,本研究需要从企业与第三方 OIP 合作的业务阶段着手,细化研究业务阶段中的资源编排活动与信任形成之间的关系,属于已有研究中未曾涉及的内容,因此适合选用探索性案例研究方法。其三,本研究需要进行深入探索,需要丰富的案例数据的支持,因此,适宜用单案例进行分析。

2. 案例选取及其概况

本书选择化工行业中的开放式创新平台众研网作为研究对象,主要原因在于:①众研网是国内运营成功的第三方 OIP 的典型代表,使得其在获取企业用户信任方面积累了很多成功的经验,媒体对其成功进行了大量的报道,为本书提供了丰富的二手研究素材;②本书作者与众研网有着长期的合作关系,多次赴众研网进行调研,积累了大量的一手资料,为本书的撰写奠定了丰富扎实的数据基础。

众研网是一个以互联网为载体的虚拟孵化器,于 2014 年 12 月正式上线,运用"互联网+化工橡胶"理念,旨在为企业提供成果交易、任务众包、认证评价、检验检测、知识产权、管理咨询、金融资本、企业孵化和人才众筹等服务,是一个线上线下相结合,为企业提供全方位科技创新服务的第三方开放式创新平台。

3. 数据收集与分析

本书遵循"理论回顾—研究草案设计—案例数据收集—案例数据分析"的案例研究流程。首先,在理论回顾阶段,收集并整理了组织间信任的相关文献,确定了研究问题和探索性案例研究方法。其次,在研究草案设计阶段,确定了收集数据的方法和分析数据的策略,并设计了访谈提纲。再次,在案例数据收集阶段,以访谈为主,以档案数据收集为辅。访谈对象的选择采取自上而下的方式,正式访谈了众研网的总经理、市场总监、财务总监和技术部工作人员共 10 人,进行了两轮的访谈;并通过众研网的介绍,对与其有合作伙伴关系的 7 家企业高管或技术总监进行访谈。最后,对于访谈数据进行分析,对访谈录音进行文字整理,并进行了三角验证,并由各位作者分别独立研读案例描述内容并建立分析模型,通过讨论,形成一致性的结论,对于观点不一致的结论,再次进行独立分析,直到达成一致。

二、第三方开放式创新平台的业务阶段划分

通过对众研网高层以及其合作企业高层或技术总监的访谈,将第三方开放式创新平台与企业之间的合作业务过程进行了梳理,总结出企业与第三方 OIP 的业务合作阶段,分为三个步骤:评估机会、促成甲乙双方合作、项目执行。根据 Fetterhoff 和 Voelkel 提出的开放式创新五阶段模型,进一步将上述三个业务阶段总结为评估市场潜能和创造性、招募潜在的合作伙伴、通过商业化获得价值。具体业务阶段内容见表 4-2。

表 4-2 第三方 OIP 业务阶段划分表

业务阶段的内容	业务阶段	业务阶段概括	基于第三方 OIP 的开放式创新业务阶段
第三方 OIP 判断企业(甲方)需求的真实性、迫切性、可行性	接单	评估机会	评估市场潜能和创造性
第三方 OIP 找到技术提供方(乙方),与甲乙方分别签订委托协议、保密协议	谈单	促成甲乙双方的合作	招募潜在的合作伙伴
甲乙双方洽谈、互相考察	第一次洽谈		
第三方 OIP 进行项目的市场价值评估	第三方 OIP 评估、报价		
甲乙双方进行产权和拨款机制协商	第二次洽谈		

续表

业务阶段的内容	业务阶段	业务阶段概括	基于第三方 OIP 的开放式创新业务阶段
第三方作为保荐方来起草，确定相关的技术参数，三方签订合作合同	签订合同	项目执行	通过商业化获得价值
实验报告；公示、公证	项目测试		
企业向技术提供方、第三方分批次拨款	拨款		

在评估市场潜能和创造性阶段，第三方 OIP 通过判断技术需求方（下称甲方）的需求真实性、迫切性和解决需求的可行性，确定是否接单；在招募潜在的合作伙伴阶段，第三方 OIP 找到技术提供方（下称乙方），并与甲乙双方签订委托协议、保密协议，协助甲乙双方互相考察、洽谈，并进行技术项目的市场价值评估，进而促成双方的产权和拨款机制的协商；在通过商业化获得价值阶段，第三方 OIP 与甲方、乙方共同签订合作合同，并进行技术项目的实验和项目转移的公示，当技术项目实验成功后，甲方分别向第三方 OIP 和乙方拨款。至此，创新项目转移过程完结。

三、第三方开放式创新平台的业务阶段与资源编排

Sirmon 等基于资源基础观提出了资源编排理论，该理论认为通过管理者对资源的主动编排，可以获得企业价值，侧重于从资源形成和演化的过程视角研究管理策略。资源编排的动作包括构建资源组合、资源整合归拢以建立能力，以及资源转化利用。该理论发展了资源基础观，将企业资源与企业能力获取之间的"暗箱"打开。根据嵌入情境的差异，资源编排的内容和形式各有不同，由资源到能力之间的路径研究问题便出现了多元化的特征。崔淼等研究了跨国公司资源演化与合资企业控制权配置动态变化的过程。Cui 和 Pan 基于企业的电子商务采纳过程，讨论了企业如何在

不同阶段针对IT资源和非IT资源进行资源编排从而构建能力。许晖和张海军基于资源编排理论发现了制造业企业服务创新能力构建机制及演化过程。

根据资源编排理论，本章遵循"资源编排—价值创造"的分析框架，通过"构建资源组合—资源归拢整合—资源转化利用"三类资源编排行动，分析第三方OIP在每个业务阶段里，如何对平台资源进行管理，从而促成业务阶段的逐步推进，实现价值创造的过程（详见表4-3）。

表4-3 第三方开放式创新平台各业务阶段中的资源编排过程

企业利用第三方OIP开展开放式创新的阶段划分	资源编排过程	描述
评估市场潜能和创造性	构建资源组合	拥有橡胶谷知识产权公司、青岛科技大学、专利库、毕业生等技术资源和技术人员，储备了丰富的科技资源；依托橡胶谷和软控集团，在化工行业里有着良好的声誉；每年举办中国大学生高分子商业材料创意大赛，为第三方OIP在全国范围内储备化工技术人才和技术解决方案
	资源整合归拢	整合政产学研等资源，形成化工行业里专业可信的第三方创新平台
	资源转化利用	由化工行业里有多年技术经验的专业人士判断企业需求的真伪、是否可以解决，为下一步合作做好可行性论证
招募潜在的合作伙伴	构建资源组合	甲方与第三方OIP签订企业委托协议，寻找库内、库外专家，即寻找乙方
	资源整合归拢	由专业技术顾问对接甲乙双方的需求，协助双方互相考察；促成甲乙双方的洽谈；向甲方承诺"不成功不收费"

续表

企业利用第三方OIP开展开放式创新的阶段划分	资源编排过程	描述
招募潜在的合作伙伴	资源转化利用	为企业提供技术的价值评估、市场调查等服务
通过商业化获得价值	构建资源组合	依托橡胶谷，与政府部门联系密切；与会计师事务所、管理咨询公司、地方孵化器建立合作关系
	资源整合归拢	帮助企业利用政府财政补贴政策；启动检验检测、管理咨询、金融资本、企业孵化模块，为甲乙双方合作提供检测技术以及项目孵化过程中的资金、市场和管理等问题的解决方案
	资源转化利用	在创新项目转移后，为甲方提供进一步的服务。甲方对第三方OIP形成黏性，愿意与其在后续的项目孵化活动中继续合作

四、企业对第三方开放式创新平台的信任演化过程分析

1. "评估市场潜能和创造性"阶段中的资源编排促进计算信任的形成

（1）构建资源组合。"评估市场潜能和创造性"阶段，对于企业来说是寻求外部创新机会的阶段。企业通过线上网络平台或线下推介会等渠道初次接触众研网。由于企业对于众研网缺乏了解，因此众研网的主要任务是快速建立起与企业之间初始的信任，为后续的进一步洽谈合作打下基础。在这一阶段，众研网对技术库资源、专业人才资源、政府背景资源、网络平台资源等进行整合、归拢和转化利用，快速获得企业信任。

（2）资源整合归拢。

1）构建资产专用性。从开放式创新服务角度看，众研网的资产主要包括技术资产和人才资源，在与企业初步接洽阶段，众研网主要在归拢技

术资产和人才资源两个方面构建资产专用性。

一方面，通过技术库建设归拢技术资产。众研网依托橡胶谷，与国内外 136 所高校、68 家国际与国家级研究机构、418 家检测机构，33 家国内外顶级管理咨询公司，200 多家技术转移机构及知识产权服务机构等化工行业的科技创新资源合作，并设立中国大学生高分子商业材料创意大赛，收集高校师生的技术创新资源，建立了资源丰富、更新及时的技术库。

另一方面，通过专业人才储备归拢人才资源。在企业最初接触众研网时，众研网拥有化工行业内几十年工作经验的专业技术人员，凭借丰富的行业经验和技术库搜索，可以帮助企业判断创新需求的可行性；对于短期内无法解决的行业普遍难题，给予提醒，避免企业走弯路。行业深耕背景、丰富的技术资源库以及与专业的技术顾问人才的前期沟通，让企业快速建立起对于众研网的专业性和诚信的认可。

2）积累社会声誉。青岛橡胶谷生产力促进中心有限公司是众研网的运营企业，其归属于橡胶谷集团有限公司。该公司是由中国橡胶工业协会、青岛市北区政府、青岛科技大学、软控股份有限公司四方发起设立的，所以当地政府主动向企业推荐众研网，成为众研网的第三方推荐人。众研网借由青岛、泰安、徐州等地的政府部门和各个科技园区的主管部门的推广，在企业中形成公信力，树立了良好的企业形象，不断积累社会声誉。

3）优化网络平台设计。众研网的网络平台由网站（www.zoneyan.com）和微信公众号（zoneyan777）组成。

在网站设计方面，设计风格十分简单，而且对注册用户进行严格的身份认证。新用户在注册时，除提供基本信息外，还必须提交身份证、营业执照、组织机构代码的图片，并有专人进行电话和电子邮件联系，判断注册者身份的真实性。通过层层审核，保证个人用户和企业用户的真实。另外，对于注册在网站上的不活跃用户，众研网会定期进行剔除，保证在线用户的真实性和活跃度，以保证网站上的用户需求的真实性。

在新媒体平台设计方面，科技服务的严肃性和严谨性，使得众研网在微信公众号的运营上与其他商业化公众号有很大不同。该公众号面向的人群是企业高管、科技局各层管理者，孵化企业的人员、工程师，高校教师、研发人员，每周一至周四推送科技创新服务主题的文章，包括国家、地方政策，知识产权、检测检验、管理咨询、融资等科技服务介绍，每周五精选本周众研网网站上的优质项目进行集中推荐，没有任何广告和互动等吸粉手段，专注于树立专业的科技创新服务形象，以高质量的技术创新内容吸引特定群体的关注和转发。

（3）资源转化利用。众研网通过整合青岛科技大学、各级科研院所、专业创意大赛、橡胶谷知识产权公司、政府、自有科技研发人员等资源，形成政、学、研的坚固的技术能力，构成了促进企业信任的因素。网络平台的身份筛选、评审机制，确保平台用户身份的真实性；微信公众号的内容单一性，树立了可信的平台形象；众研网平台所展示出的用户身份可靠性、技术资源多元性、政府背景的可信性，促进了企业对众研网的了解和信任的初步形成。企业认可众研网的诚信和专业水平，更大概率相信众研网不会做出欺骗等机会主义行为，从而形成了企业对第三方OIP的计算信任。

2. "招募潜在的合作伙伴"阶段的资源编排促使能力信任的形成

（1）构建资源组合。在企业初步了解众研网之后，便开始下一步的洽谈，以便确定是否建立合作关系。因此，在"招募潜在的合作伙伴"这一阶段，企业关注的是众研网的服务能力和服务质量。众研网的服务承诺、海外联盟、信息资源体系、服务平台系统和人才保障体系等资源在这一阶段促成了企业对第三方OIP信任的进一步发展。

（2）资源整合归拢。

1）进行服务承诺。众研网本着"先做朋友，再做业务"的理念，在双方达成初步合作意愿后，便带着企业委托单，寻找库内、库外专家，即寻找乙方，通过乙方身份背景的了解，对接甲乙双方的需求，协助双方互相考察，并且承诺"不成功不收费"。通过这一适度冒险的前置信任，向企业表达善意，率先做出促进合作的行为，展示良好的合作姿态，赢得企业的信任。

2）提供专业性服务程序。众研网提供的资源是通过橡胶谷知识产权公司的知识产权库进行前期搜索，保证技术的新颖性和创新性，对于搜索出的备选项目，给客户分析每个项目的优劣势、进展情况、成熟度情况、技术先进情况、产业化情况，慢慢积累客户信任度。

3）海外技术资源增强技术服务能力。有些企业需要的技术国内解决不了，需要海外资源的支持。众研网已和加拿大滑铁卢大学、俄罗斯沃罗涅日大学、意大利马尔凯大区、比利时高级专家组织、乌克兰国家科学院巴顿焊接研究院等北美、欧亚国家的科研院所、大学以及协会建立了联系，在专家合作、技术转移等多方面展开合作，帮助企业对接国外的优势资源和专家；邀请企业参加国外技术推介会，和国外技术专家面对面交流。

4）推出专业顾问咨询。众研网会在这个阶段安排企业与相应的技术专家进行面对面的交流，使企业确信众研网技术人才的可获得性和真实性，从而促使其对众研网信任的进一步加深。同时专业顾问也会提供部分免费咨询服务，专家的一句话，对于企业来说会是很关键的帮助。这种不计付出的服务，使得企业的收益明显高于成本，使企业更愿意把一些重要的项目委托给众研网，众研网抓住了企业的信任。

5）协调企业和技术提供方的关系。当众研网帮助企业找到合适的技术资源后，下一个关键的步骤就是企业和技术提供方之间的协调问题。在技术成熟的情况下，众研网的认证评价模块会向企业提供标准化的评估手段，出具权威的调查和评估报告，辅助企业对市场进行调查和评估。众研网提供的这项服务，使企业对于其专业能力的信任进一步加强。

（3）资源转化利用。在这个阶段，第三方OIP通过服务承诺、海外技术资源增强技术服务能力、提供专业性服务程序、推出专业顾问的免费咨询、协调企业和技术提供方的关系等服务手段，将现有的技术、人才资源进行整合，特别是"先做朋友，再做业务"的前置信任承诺，使得企业建立起对第三方OIP在开放式创新服务领域中的影响力和竞争力的认可，从而建立起对第三方OIP的能力信任。

3. "通过商业化获得价值"阶段的资源编排促进关系信任的形成

（1）构建资源组合。企业对众研网的能力建立信任后，便与其签订合同。众研网作为保荐方起草合同，协助企业进入创新成果实施的试验期。在合同执行之后，就是创新项目的实施阶段。对于实施过程中出现的在何地建厂、产能多少、原料购买等问题，众研网不仅是第三方开放式创新服务机构，还扮演了创新项目的孵化器角色。在众研网提供的功能中，除了对于开放式创新过程的支持功能（成果交易、任务众包、认证评价、检验检测、知识产权）之外，还有管理咨询、金融资本、企业孵化、人才众筹等创新孵化功能，为企业创设、拓展市场、融资、管理等方面提供进一步的支持。因此，在合同执行过程中，众研网会与企业商讨项目孵化问题，为双方下一轮的进一步合作做准备。

（2）资源整合归拢。

1）网络平台资源整合。众研网网站的1.0版本中，只包含技术转移、任务众包、检验检测、认证评价、知识产权这五个模块,都是围绕着创新技术转移来设计的。在网站的2.0版本中,众研网重点探索怎样更好地做线上和线下的融合,怎样更精准地对接企业的需求。经过探索发现:仅做技术转移还不够,渠道资源、资金资源、人才资源也是企业开放式创新过程中的"通过商业化获得价值"阶段迫切需要解决的问题。所以,众研网的2.0版本从1.0版本的五个模块向九个模块拓展,新增了管理咨询、金融资本、企业孵化、人才众筹四个功能模块,形成了"互联网+科技服务"的虚拟孵化器。服务的外延多了,服务的内容多了,众研网的资源也全部盘活起来,也把真正的创新服务做起来了。

2)从化工项目孵化到化工产业孵化。众研网最初与山东莱芜金土合作,在完成了可降解地膜技术的转移之后,又与莱芜政府、高新区政府沟通,将可降解地膜的核心材料制作进一步孵化为生产可降解地膜的核心材料的塑器企业和地膜成型的喷塑企业。同时,众研网牵头,联系销售公司,将产品的上下游打通,孵化出从原材料制造、产成品的生产、到产品应用和销售环节于一体的莱芜地区的可降解地膜产业。将众研网拥有的技术、政府、企业资源进一步整合,为合作关系企业提供更多服务,将创新技术转移服务拓展到产业孵化项目。

3)将现有模式辐射其他产业。众研网与山东省人事厅、青岛市人社局合作打造海创中心,通过这个平台把海洋产业聚集过来,专注于海洋类的创新创业;与国家安全总局和徐州市高新区共同打造安全谷和安全产业。由此可见,众研网辐射的产业在逐步扩大。众研网是一个总网,在地方再建子网络来发展。未来是"一托多,1+N模式",1个总网站,N个产业网站,把众研网的模式输出去,把更多的资源集聚过来,实现线上线下互动。

(3)资源转化利用。在"通过商业化获得价值"这一阶段,投融资体系、政策法规体系、管理咨询体系、人才保障体系等支持保障服务，与众研网的技术资源、政府资源、市场资源、管理资源、人才资源等进一步整合，为合作企业提供从技术专业到创新孵化的全过程的开放式创新服务。企业通过与第三方OIP的合作，由交易关系转变为朋友关系，不再怀疑对方会有欺骗自己的机会主义行为，由"先做朋友，再做业务"转变为"先做朋友，再做业务，再做好朋友"，促进了关系信任的形成。

通过以上分析可以看出，在第三方OIP与企业合作过程中，随着业务阶段的逐步推进，第三方OIP将自身的资源进行不同的编排，形成了对应不同业务阶段的信任的演化过程：从计算信任，到能力信任，再到关系信任。总结整理如表4-4所示。

表4-4 企业与第三方开放式创新平台间信任的演化分析表

业务阶段	资源编排过程	影响信任的资源编排内容	影响信任的资源编排内容的总结	第三方OIP与企业间信任的演化阶段
评估市场潜能和创造性	构建资源组合	政府、科研群体、科技中介结构联盟、企业群，以及网络、新媒体技术支撑体系、人才保障体系	建立背景、自有资源（包括技术资源、人才资源和网络平台资源）	计算信任阶段
	资源整合归拢	构建专用型资产，形成行业声誉，运维网络平台	打造第三方OIP的企业形象	
	资源转化利用	使初次接触的企业能够对第三方OIP在未来合作中的行为成本和行为收益进行理性的判断	获得企业对第三方OIP的计算信任	

续表

业务阶段	资源编排过程	影响信任的资源编排内容	影响信任的资源编排内容的总结	第三方OIP与企业间信任的演化阶段
招募潜在的合作伙伴	构建资源组合	海外联盟、信息资源体系、服务平台系统和人才保障体系、政策法规体系	现有资源和配套服务	能力信任阶段
	资源整合归拢	进行服务承诺，借助海外技术资源增强技术服务能力，提供专业性服务程序，推出专业顾问的免费咨询，协调企业和技术提供方的关系	前置信任，展现第三方OIP的业务能力	
	资源转化利用	使初次接触的企业能够根据现有证据评价第三方OIP有能力履行承诺	获得企业对第三方OIP的能力信任	
通过商业化获得价值	构建资源组合	拓展第三方服务功能，从创新项目转移服务扩展到产业孵化服务	业务创新	关系信任阶段
	资源整合归拢	网络平台资源整合，从化工项目孵化到化工产业，将现有模式辐射其他产业	形成第三方OIP的辐射带动能力	
	资源转化利用	使初次接触的企业形成对第三方OIP能够履行其合同协议的信任	获得企业对第三方OIP的关系信任	

五、企业对第三方开放式创新平台的信任演化过程总结

第一，企业对第三方OIP的信任演化过程是从计算信任到能力信任，再到关系信任。

获取企业的信任是第三方OIP的能力之一，是其价值创造过程的一部分。所以，如何利用自身资源，在与企业进行业务合作的不同阶段中不断

获取企业信任,是第三方 OIP 关注的问题。本章围绕"第三方 OIP 如何推进企业对其信任的不断演化"这个核心问题展开研究。从资源编排视角出发,将企业与第三方 OIP 的合作业务阶段与信任演化阶段之间的"暗箱"打开,探索初次合作的企业对第三方 OIP 的信任构建演化的微观机制。在每个业务阶段,利用资源编排理论,构建了"构建资源组合—资源整合归拢—资源转化利用"的分析框架,分析出第三方 OIP 在不同业务阶段,通过资源编排,将企业对第三方 OIP 的信任从计算信任推进到能力信任,又进一步推进到关系信任的演化过程(如图 4-1 所示)。

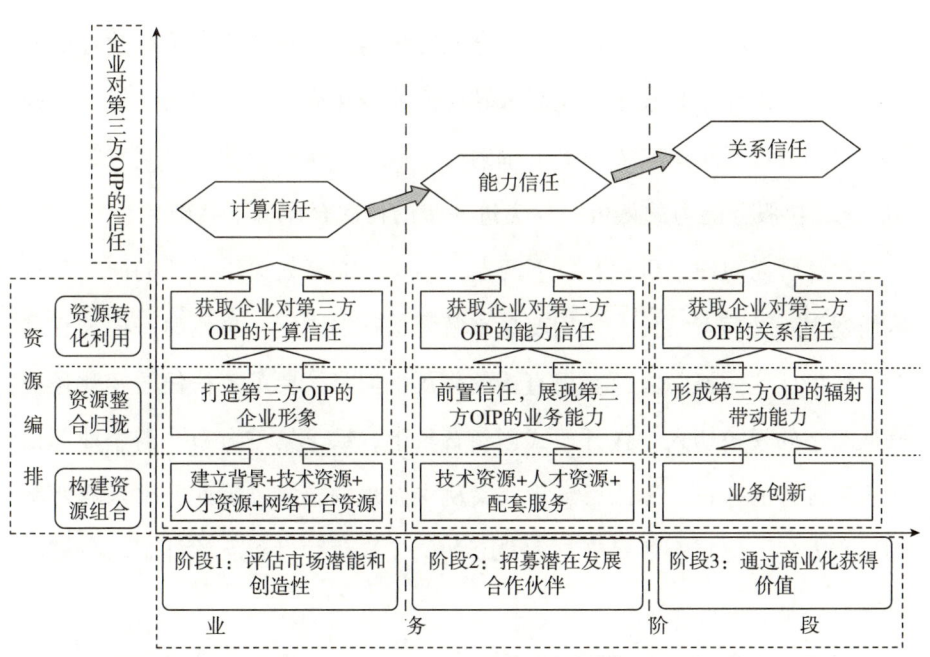

图 4-1 企业对第三方 OIP 的信任演化过程

第二,构建了信任演化各阶段的资源编排方式。

在不同的业务阶段,第三方 OIP 构建的资源不同,整合资源的方法不同,形成的资源转化结果也各不相同。

在企业与第三方 OIP 初步接触阶段,第三方 OIP 背景和拥有的资源是促进计算信任产生的主要影响因素,在这个阶段,第三方 OIP 应以打造优质的企业形象为主要着力点,快速获取企业的初步信任,为双方的合作打下良好的基础。

随着双方了解的加深,第三方 OIP 的现有资源的展示利用和配套服务的提供为推动企业建立对第三方 OIP 的能力信任有着重要作用。因此,第三方 OIP 应在这个阶段着力向企业展示其专业的业务能力,推动企业对其信任的进一步发展。

当企业与第三方 OIP 签订合作合同后,第三方 OIP 应将重点放在业务创新上,重点在于将技术转化服务转向产业孵化服务,目的是在执行合同过程中,通过展示第三方 OIP 的辐射带动能力,帮助企业建立起对第三方 OIP 全方位服务能力的认可,并为进一步的再次合作打下基础。

本章研究的理论贡献有以下两点:第一,大多数关于信任的研究都将信任视为一种静态结构,并用变量来解释信任的内涵。虽然静态模型在帮助了解信任这一概念方面有很直接的作用,但是,要了解信任的变化还应该从动态的视角切入。在开放式创新背景下,缺乏第三方 OIP 与企业间信任演进过程的探讨,无法解释现实案例中发现的事实。因此,本章利用案例研究方法,解释企业对第三方 OIP 的信任演化的过程,弥补了信任理论研究的不足。

第二,本章解析了资源编排的动态过程,一定程度上发展了资源编排理论的研究。资源编排理论指出:资源编排是企业获取价值,形成能力的基础,但没有解析关于资源编排的动态过程。本研究发现:在第三方 OIP 与企业合作过程中的不同阶段中的资源编排,都遵循"构建资源组合—资源整合归拢—资源转化利用"的过程,但每个阶段中,资源编排的内容、资源整合的方法以及资源构建能力的结果各不相同。

深入研究中国第三方 OIP 如何与企业建立信任，对解释中国情境下，开放式创新服务提供方与需求方建立信任的有效机制问题，以及优化中国第三方 OIP 科技服务模式，改善第三方 OIP 的平台功能，提升平台服务效率，实现第三方 OIP 快速发展等实践活动具有一定的指导意义。

第五章 增进企业对第三方开放式创新平台的信任

基于中国创新中介服务市场中参与主体之间缺乏沟通与信任的现状,有必要探索影响企业对第三方开放式创新平台信任的关键因素,从而为提高信任提供增进路径,加快企业的开放式创新步伐。本章首先阐述了增进企业对第三方开放式创新平台信任的必要性;其次,结合组织信任理论和第三方开放式创新平台的具体研究情景,找出影响企业对第三方开放式创新平台信任的关键因素;再次,提出信任影响因素关系模型并进行实证检验;最后,提出增进企业对第三方开放式创新平台信任的路径方法。

第一节 增进企业对第三方开放式创新平台信任的必要性

自 Chesbrough 于 2003 年提出开放式创新以来,开放式创新已经得到学术界和企业界的广泛关注。开放式创新提倡冲破组织边界,最大限度地

第五章　增进企业对第三方开放式创新平台的信任

将外部创新资源纳入到企业创新过程中，已成为当前企业进行技术创新的重要特征。在企业开放式创新过程中，由于创新资源供需双方的信息不对称，创新中介扮演着重要的角色，依托拥有众多创新资源知识的开放式创新中介进行开放式创新，可以加快开放式创新的步伐，提高创新效率。

随着互联网技术在全球的迅速扩散，新兴起众多基于互联网的第三方开放式创新平台，这些平台或采用完全线上的方式（如 InnoCentive），或采用线上线下相结合的方式（如 Ninesigma），将世界范围的创新和知识资源聚集起来，为企业开放创新提供最大限度的创新中介服务。第三方开放式创新平台利用其互联网优势，突破了地域和时空的限制，能够广泛连接外部创新主体，通过网络来实现各创新主体的关系建立、交流互动和合作过程管理，具有开放、灵活、跨区域、活跃度高等特点。近几年，国内也陆续出现了基于互联网的第三方开放式创新平台，如山东省科技成果转化服务平台（www.sdjssc.com）、化工橡胶行业科技创新平台众研网（www.zoneyan.com）。

对于新兴的第三方开放式创新平台，国内外学者都给予了高度关注。国外学者积极研究其开放式创新服务模式、创新中介功能、技术搜寻模式等。中国学者多研究创新服务模式，且以实例分析为主。但由于国内外创新服务市场环境大不相同，发达国家的创新服务市场经过百余年的发展，市场化程度和规范化程度高，而中国的创新服务市场尚处于发展阶段，高效率、专业化的开放式创新服务主体为数不多，且市场中存在不完全竞争、信息不对称、参与主体缺乏信任和相互沟通等各类现象，使中国第三方开放式创新平台无法发挥应有的作用。针对企业与第三方开放式创新平台之间缺乏信任的现状，只有在确定了信任的决定因素之后，才能制定出培育和维持信任的明晰战略，从而使第三方开放式创新平台发挥应有的作用，加快我国企业开放式创新步伐。

第二节 企业对第三方开放式创新平台的信任影响因素

一、组织间信任的内涵和维度

组织间信任是提高组织合作绩效的一个重要影响因素,组织间信任程度越高,代表组织间合作越密切,有利于提高合作方的整体绩效,也有利于双方未来的持续合作。以往对组织间信任的研究将信任看为一种预期,即合作一方企业预期另一方企业并不会做出背信和有损双方合作关系的行为,即使对方企业有一定机会做出损害合作方企业利益的行为。Mayer 等提出的信任理论认为,信任除了与风险预期相关外,还涉及承担风险的自愿行为,组织间信任是一方能够掌握对方行为和意图,但是愿意放弃这种控制而使自己冒风险的意愿。

信任常被学者看成是一个多维度概念,但各学者关于信任维度划分的分歧也很大,表 5-1 总结了前人对信任维度的划分。其中,Dyer 和 Chu 总结前人的维度划分,从公平性、可靠性和善意性三个方面来综合衡量组织之间信任,得到了很多学者的普遍赞同。组织之间的信任指的是这样一种状态:①合作方企业努力按照先前的承诺行事;②(当市场条件发生变化时)合作方企业按照对方企业认为"公平"的方式作出调整;③即使有机会,合作方也不会过度利用对方企业牟取私利。

表 5-1　前人对信任维度的划分

研究	信任维度划分
Rempel 等（1985）	预测性（Predictability） 可靠性（Dependability） 信念（Faith）
Ganesan（1994）	可信度（Credibility） 善良程度（Benevolence）
Mayer 等（1995）	能力信任（Ability Trust） 善良信任（Benevolence Trust） 正直信任（Integrity Trust）
Sako 和 Hepler（1998）	契约信任（Contractual Trust） 能力信任（Competence Trust） 善意信任（Goodwill Trust）
Dyer 和 Chu（2000）	公平性（Fairness） 可靠性（Reliability） 善意性（Goodwill）

二、企业对第三方开放式创新平台信任的影响因素

根据前人对组织间信任的内涵阐述，具体到企业对第三方开放式创新平台的信任，我们将其定义为企业相信第三方开放式创新平台不会对其做出机会主义行为的程度。这种信任具体包括两层内涵：一是可靠性，企业相信该第三方开放式创新平台有足够的创新资源和创新中介能力，能够顺利帮助企业实现开放式创新履行承诺，且该平台愿意为履行承诺付出努力；二是公平性和善意性，第三方开放式创新平台以公平和善意对待企业，不会作出泄露企业商业机密用以谋利的行为，也不会利用企业方的信息不对称性对其进行欺诈，如故意隐瞒创新技术资源信息、技术评估不合理等。

企业对第三方开放式创新平台的信任类似于 Sako 和 Helper 界定的"善意信任",不是基于合同契约或控制,而是基于非合同机制。此外,为了与个人对第三方开放式创新平台的信任相区分,本书中企业对第三方开放式创新平台的信任是指在整合企业内部成员态度的基础上形成的对开放式创新平台的共同认知,它体现了企业作为一个有机整体对第三方开放式创新平台的信任。

技术创新对企业至关重要,关乎企业的发展,甚至涉及企业的商业机密,企业只有在充分信任第三方开放式创新平台的前提下,才会甘愿承担风险,与第三方开放式创新平台进行深入合作。但由于技术创新本身具有结果不确定性,以及企业方往往由于信息不对称处于劣势地位,使得企业对第三方开放式创新平台产生信任会比较难。

信任的决定因素是企业感受到的合作方企业的可信任度,已有众多学者对影响组织间信任的因素进行了实证研究。例如,学者曹玉玲和李随成在总结和归纳前人研究的基础上,利用元分析将企业信任的影响因素归为企业特质因素、企业间关系因素、环境因素三大类,基本囊括了各方面的组织信任影响因素。其中,企业特质因素包括专用性资产、供应商声誉、能力、可替代性;企业间关系因素包括沟通与信息共享、资源互补性、相互依赖性、合作经验;环境因素包括文化兼容性、不确定性、契约制度。

然而,以往学者对组织间信任的研究多基于供应商与生产制造企业之间的信任,或是企业联盟之间的信任,信任双方都是企业型组织。而在本书中,第三方开放式创新平台是平台型组织,通过连接创新供求资源双边市场发挥创新中介作用。创新中介是指在两个或两个以上主体参与的创新过程中发挥代理人或经纪人作用的组织或实体,其目的是要在不同创新主体间建立起联系,使创新知识顺利从创新源转移到需要创新的企业,帮助企业完成开放式创新。因此，企业与第三方开放式创新平台之间的合作实质是委托代理关系，这异于企业联盟形式的企业合作关系。

企业与第三方开放式创新平台之间信任的特殊情境决定了需要对信任影响因素进行情景化的特殊考虑。具体而言，在信任影响因素选择方面，学者曹光明和江若尘认为，企业特质因素（企业声誉、企业规模）和行为因素（关系专用资产、信息分享和技术支持）是影响委托方对代理方信任的关键，而且对行为因素进行投入将使培育信任的触发策略更加可信。同时，不同于一般的企业能力，第三方开放式创新平台的能力具体体现为平台的创新中介能力。此外，由于第三方开放式创新平台是基于互联网进行搭建的，平台众多业务都是通过互联网完成的（比如：创新任务发布、创新技术搜寻、资金交割等），因此，需要从IT角度考量平台网站质量及其对信任的影响。

本书综合前人关于企业信任影响因素的研究，并综合考虑企业与第三方开放式创新平台信任的特殊情境，归纳出三类影响企业对第三方开放式创新平台信任的因素：第一类为代表企业特质因素的专用性资产、声誉、创新中介能力等因素；第二类为代表企业间关系因素的沟通与信息共享因素；第三类为代表IT/IS特性的平台网站质量因素。

第三节 信任影响因素理论模型及检验

一、信任影响因素的理论模型构建

根据上一节总结出的影响企业对第三方开放式创新平台信任的三类因

素，提出相应假设，并进一步构建信任影响因素的理论模型。

1. 专用性资产

专用性资产，是指平台为了与某一企业进行合作而进行的专项投资，一般无法适用于其他企业，如为满足企业特定需求，专门为其进行了特殊的创新技术扫描和创新信息处理。这种专用性投资会增加第三方开放式创新平台的转换成本，为满足某一个企业所进行的创新资源搜寻和技术转移服务往往无法适用另一个企业，这是平台方主动对企业的投资，代表平台的诚意。Sako 和 Helper 认为，专用性投资代表合作一方希望与另一方建立信赖关系的承诺，会增进合作双方彼此间的信任。基于此提出如下假设：

假设1：第三方开放式创新平台对企业的专用性资产正向影响企业对第三方开放式创新平台的信任。

2. 声誉

Ganesan 等指出，企业声誉可以传递企业值得信任的程度信息，这会提升企业的可信度。在互联网时代，信息的传播速度加快，好声誉很容易在企业间进行传播，第三方开放式创新平台的声誉更容易被企业获知。具有好声誉的企业一般不愿意因为自己的机会主义行为而使自己苦心经营的好声誉遭到破坏，因此好声誉代表机会主义行为概率的降低，诚信和正直行为概率的提高。而且，众多学者已经证实，好声誉能增加合作企业的信任。基于此提出如下假设：

假设2：第三方开放式创新平台的声誉正向影响企业对第三方开放式创新平台的信任。

3. 创新中介能力

企业能力是影响组织间信任的一个重要因素，能力是指企业在其领域内的影响力特征，能力高的企业更容易让对方企业产生信任感。对第三方开放式创新平台而言，其所拥有的创新中介能力是其领域影响力的来源，创新中介能力是指第三方开放式创新平台联结不同创新主体，且使创新知识在不同创新主体间进行转移的能力。

学者 Howells 具体归纳了创新中介能力的十个方面：预测和诊断、（技术）扫描和信息处理、知识加工和知识组合、把关和（技术）代理/经纪、测试和检验检测、鉴定和标准、管制和仲裁、知识产权、商业化、（技术）评估。Lopez – Vega 和 Vanhaverbeke 进一步将 Howells 的十个方面归纳为三大类：①建立多方创新主体之间的联系；②提供技术相关服务（如技术扫描、技术评估等）；③提供合作和支持服务（如提供商业化过程中的资金、市场、人才等相关服务）。本研究认为，第三方开放式创新平台所拥有的创新中介能力越强，越容易让企业产生信任。基于此提出如下假设：

假设3：第三方开放式创新平台的创新中介能力正向影响企业对第三方开放式创新平台的信任。

4. 网站质量

网站质量考虑的是第三方开放式创新平台的 IT/IS 特性，系统质量、信息质量、服务质量是衡量信息系统成功与否的三个基础特征。系统质量涉及网站的稳定性、可靠性、易用性、可操作性等；信息质量涉及网站所提供信息的准确性、有用性、相关性、时效性等；服务质量涉及第三方开放式创新平台通过平台网站，以服务的形式为顾客提供价值的能力，体现了网站功能所实现的顾客价值。第三方开放式创新平台的网站是平台的一张名片，大多数企业首先是通过平台网站开始了解平台，因此，网站质量差的平台必定会给企业留下不好的印象，不利于企业对第三方开放式创新平台的信任。因此我们认为，网站质量高的平台更容易让企业产生信任。基于此提出如下假设：

假设4：第三方开放式创新平台的网站质量正向影响企业对第三方开放式创新平台的信任。

5. 沟通与信息共享

Morgan 和 Hunt 认为，信息共享的程度是合作一方向另一方传递"善意"的信号，它是利用"自我曝光"的姿态来向对方提供自己可被信任的有形证据。第三方开放式创新平台是拥有大量创新信息资源的资源优势方，平台方积极与企业方进行沟通交流，主动与企业进行创新技术信息共享，是一种主动改善合作企业弱势地位的行为，是平台向企业方传递的"善意"信号。因此，第三方开放式创新平台越积极与企业进行沟通与信息共享，越能获得企业方的信任。

同时，还要考虑沟通与信息共享的质量和高效性。第三方开放式创新平台是基于互联网建立的，针对沟通和信息共享的不同内容，可以采取线上和线下两种途径。线上途径适合简单沟通任务或规范化的任务（如为企业匹配合适的创新资源、创新服务进度说明等），具有节省沟通成本、可回溯、语言规范的特点，线下途径适合复杂沟通任务（如涉及创新供需双方的磋商、谈判、协议签署等）以及必要的人员交流和实地考察，优秀的平台方一般会将两种途径相结合，保证与企业之间的充分沟通与共享。基于此提出如下假设：

假设5：第三方开放式创新平台与企业之间的沟通与信息共享正向影响企业对第三方开放式创新平台的信任。

6. 信任影响因素之间的关系

创新中介能力指第三方开放式创新平台在创新中介和科技服务领域内的影响力特征，具体而言，即平台通过自身所积累的创新及相关资源，弥补企业在开放式创新过程中所欠缺的技术、资金、市场等，通过提供合适的中介服务帮助企业顺利完成开放式创新。第三方开放式创新平台的创新中介能力对赢得信任至关重要。

学者陈守明等在研究制造企业对生产性服务企业信任的影响因素时，得出结论：企业的竞争力在信任影响因素模型中起到中介作用，如企业竞争力在企业声誉和信任中起到完全中介作用。针对第三方开放式创新平台而言，其创新中介能力体现了平台的竞争力，创新中介能力越强，其在创新中介领域的竞争优势越明显。因此，创新中介能力在信任影响因素模型中也会起到相应的中介作用，即专用性资产、声誉、网站质量、沟通与信息共享首先会影响创新中介能力，进而间接影响信任。即：平台方为了保证顺利将创新知识从创新源转移到所需企业，可以采取增加专用性资产、声誉、网站质量、沟通与信息共享的措施提高创新中介能力，进而提高企业对其的信任。

同时，考虑到大多数组织信任的研究已经证实专用性资产、声誉、沟通与信息共享对信任的直接影响作用，本研究认为，一方面，专用性资产、声誉、网站质量、沟通与信息共享会对信任产生直接影响；另一方面，专用性资产、声誉、网站质量、沟通与信息共享这些因素也会影响创新中介能力，进而影响信任。由此，本研究在已经提出了 H1 – H5 的假设之后，又提出如下假设：

假设 6a：第三方开放式创新平台对企业的专用性资产正向影响第三方开放式创新平台的创新中介能力。

假设 6b：第三方开放式创新平台的声誉正向影响第三方开放式创新平台的创新中介能力。

假设 6c：第三方开放式创新平台的网站质量正向影响第三方开放式创新平台的创新中介能力。

假设 6d：第三方开放式创新平台与企业之间的沟通与信息共享正向影响第三方开放式创新平台的创新中介能力。

综上,构建信任影响因素理论模型如图 5-1 所示。

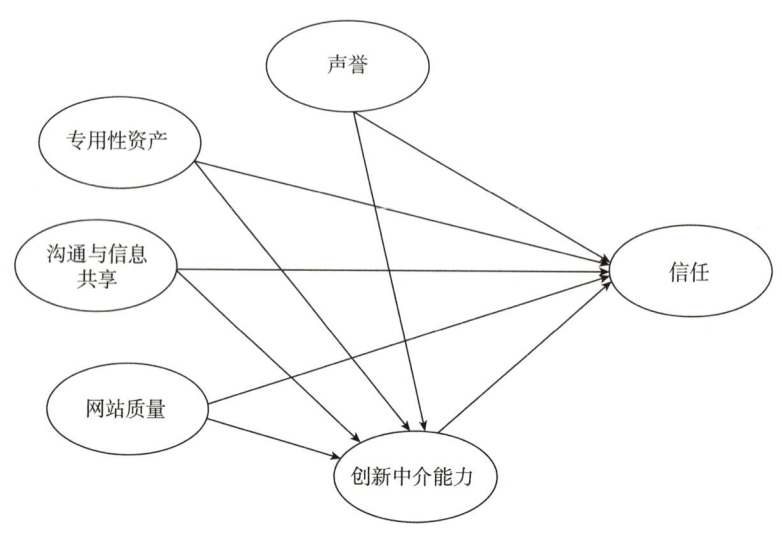

图 5-1 信任影响因素理论模型

二、信任影响因素理论模型的实证检验

针对所提出的信任影响因素理论模型,我们在全国范围内进行抽样,获得 180 家企业样本的问卷调查数据,采用 SmartPLS 软件基于偏最小二乘结构方程模型,实证检验影响企业对第三方开放式创新平台信任的关键因素及影响因素间的相互关系,为提高企业对第三方开放式创新平台的信任提供理论依据。

1. 样本和数据收集

本研究的调研对象主要是利用第三方开放式创新平台开展过相应创新业务的企业,以高新技术领域企业为主,也包含其他行业中有技术创新需求但无自主创新能力或条件的中小企业。同时,本研究限定问卷填写人员必须为负责技术创新的企业高管或企业的技术部门负责人。由于本研究的数据收集条件较为苛刻，因此，选择问卷星平台的付费样本服务，在全国范围内进行问卷的发放和收集，在最大程度上保证问卷来源的可靠性。

此外，为了保证问卷收集的有效性，我们在问卷中设置了一些特殊问题对问卷有效性进行控制和检验。一方面，我们在问卷中设置了预判问题"您所在企业是否与第三方开放式创新平台有过合作？"，如果问卷填写人员回答了"否"，问卷收集平台（问卷星）会自动提示问卷填写人员无须继续答题；另一方面，我们还在问卷中设置了问题"您所在部门＿＿＿＿，您的职务＿＿＿＿"，用以检验问卷填写人员的身份。

本研究共回收问卷451份，剔除无效问卷（如未认真作答、填写不完整、预判问题回答了"否"却继续作答的问卷、问卷填写人员并非负责技术的企业高管或非技术负责人）271份，得到有效问卷共180份，样本企业地理范围覆盖全国24个省、自治区、直辖市，样本企业所在行业跨计算机、制造、采矿、电力、水利等多个行业，研究样本的描述性统计如表5-2所示。

表5-2 样本描述性统计

特征	特征值	百分比（%）
企业所在行业	信息传输、计算机服务和软件业	34.44
	制造业	31.67
	科学研究和技术服务业	14.44
	交通运输、仓储业和邮政业	7.22
	电力、热力、燃气业	3.89
	水利、环境和公共设施管理业	3.33
	建筑业	1.67
	房地产业	1.11

续表

特征	特征值	百分比（%）
企业所在行业	采矿业	1.11
	医药	0.56
	新能源	0.56
企业规模	20人以下	2.78
	20~300人	47.78
	300~1000人	37.22
	1000人以上	12.22
企业研发投入占销售百分比	1%以下	1.67
	1%~2%	6.11
	2%~5%	23.89
	5%~10%	39.44
	10%以上	28.89
填写人在企业工作年限	半年到一年	1.11
	一年到三年	16.11
	三年到五年	30.56
	五年及以上	52.22

2. 量表设计

为了保证问卷及量表的信度和效度，本实证检验尽量采用已经通过了实证检验的成熟量表，并结合对开放式创新平台的实际访谈和专家座谈法对既定量表做适当的修改，以适用于开放式创新平台的研究情景。例如，借用 Dyer 和 Chu（2000）开发的组织间信任量表，将量表中的"供应商"（Supplier）替换为"第三方开放式创新平台"，以此来衡量企业对第三方开放式创新平台的信任。由于 Dyer 和 Chu 的量表使用语言为英文，首先让一位研究者将英文量表翻译为中文，再让另一位研究者将中文重新翻译成英文，对比经过翻译后的英文量表与 Dyer 和 Chu 的原始量表中的核心字段是否一致，如果不一致，重新进行翻译和对比，直到核心字段达到一致,其余构念也均照此法获得中文量表。得到中文量表之后,再请专家检查量表是否符合开放式创新平台的研究情景,做出适当调整。

值得注意的是,理论模型中的创新中介能力和网站质量构念是形成型构念。其中,创新中介能力是根据 Lopez – Vega 和 Vanhaverbeke 划分的创新中介三方面功能来衡量;网站质量从系统质量、信息质量、服务质量三方面来衡量。本实证检验各构念的量表如表5 – 3 所示。

表5 – 3　各构念量表

构念	题项	参考来源
企业对第三方开放式创新平台的信任	企业相信该平台会公平对待自己。 认为该平台在企业界的信誉度(在履行承诺方面)较高。 企业认为该平台不会对它们采取不公平待遇(如故意隐瞒创新技术资源信息,技术评估不合理等)	Dyer 和 Chu(2000)
第三方开放式创新平台对企业的专用性资产	该平台专门为企业提供了所需的创新技术信息资源。 该平台为企业提供了支持性的定制化服务(如市场、资金、技术人才、科技政策服务等),满足各种相关需求。 该平台针对企业具体情况提供了专门的程序和流程	Handfield 和 Bechtel (2002); Stump 和 Heide(1996)
第三方开放式创新平台的声誉	该平台拥有一个良好的未来。 该平台被大多数企业客户认可。 该平台对企业客户很忠诚。 很多企业愿意跟该平台合作	Ganesan (1994)
第三方开放式创新平台的创新中介能力	该平台是一个能帮助企业与创新资源之间深度联结的第三方。 该平台能为企业提供高质量的技术转移服务,和一系列技术相关服务(如技术咨询、技术评估、技术成果验收、技术检测委托等)。 该平台能为企业提供市场、资金、技术人才、科技政策等支持性服务	Howells (2006); Lope – Vega 和 Vanhaverbeke (2009)

续表

构念	题项	参考来源
第三方开放式创新平台的网站质量	平台网站运行稳定、页面浏览正常、响应速度快、使用简单方便。 平台网站提供的信息准确、充分全面、有用性强。 平台网站功能设计满足需求、有规范的工作流程、能够通过平台实现技术转移和相关支持服务	Delone 和 Mclean（2003）
第三方开放式创新平台与企业间的沟通与信息共享	该平台与企业经常进行人员交流。 该平台与企业的信息交流是充足和完全的。 该平台与企业定时分享引进创新技术的进度。 该平台派人考察了引进技术的实际应用情况	Mao 等（2008）；曹玉玲和李随成（2011）

3. 量表的信度和效度

在检验研究假设前需要先检验测量量表的信度和效度，我们利用 SmartPLS 3 软件来检验。

针对反映型构念，我们主要计算了量表的信度和聚合效度，如表5-4所示。一是计算组合信度（Composite Reliability，C.R.）和 Cronbach's alpha 系数来检验内部一致性信度。由表5-4可以看出，各研究构念的 C.R. 都大于0.7，表明本检验的测量量表信度较好。而 Cronbach's alpha 系数方面，只有信任构念大于0.8，其余三个构念均在0.6~0.7之间，虽已达研究要求，但表示专用性资产、声誉、沟通与信息共享的信度还需进一步提升。Mayer 和 Davis 具体分析了获得足够大的 Cronbach's alpha 系数的难度，尤其当数据为企业层面数据时。我们已经通过限定问卷填写人员为企业高管或企业的技术负责人，尽量使问卷填写人员的观点能真实反映企业整体情况。二是采用因子载荷和平均提取方差（Average Variance Extracted，AVE）来测量聚合效度。其中，大多数指标的因子载荷大于0.7，所有指标都大于0.6，而且构念专用性资产与信任的 AVE 都大于

0.5，且构念声誉和沟通与信息共享的 AVE 也都大于 0.45，这说明测量量表的聚合效度较好。

表5-4 反映型构念的测量模型

构念	题项	聚合效度		内部一致性信度	
		因子载荷	AVE	C.R.	Cronbach's alpha 系数
		>0.600	>0.450	0.700~0.900	0.600~0.900
信任	A1	0.841	0.721	0.885	0.805
	A2	0.924			
	A3	0.777			
专用性资产	B1	0.793	0.572	0.800	0.625
	B2	0.708			
	B3	0.765			
声誉	C1	0.745	0.469	0.779	0.632
	C2	0.664			
	C3	0.658			
	C4	0.667			
沟通与信息共享	G1	0.666	0.464	0.775	0.617
	G2	0.739			
	G3	0.617			
	G4	0.697			

针对形成型构念，我们根据 Cenfetelli 和 Bassellier 的建议，测量各题项的共线性，以及题项对构念的贡献度。其中，共线性需要根据题项的 VIF 值进行判定，VIF<5 代表题项间不存在共线性问题，题项设置合理。题项对构念的贡献度需要根据标准化的外部权重（Outer Weights）来判断，并利用 Bootstrapping 方法计算其显著性，抽样次数一般设置为 5000 次，外部权重大于 0.2 且具有显著外部权重的题项代表其对构念具有较好的贡献度，题项选取合理。同时，题项的载荷（Loadings）可用以衡量题

项对构念的绝对重要性（Absolute Importance），载荷显著不为 0 说明题项选取合理。如表 5-5 所示，本检验中的网站质量和创新中介能力构念均满足以上要求。

表 5-5 形成型构念的测量模型

构念	题项	VIF	外部权重	外部权重显著性	载荷	载荷显著性
网站质量	F1	1.080	0.549	0.000	0.736	0.000
	F2	1.037	0.360	0.000	0.521	0.000
	F3	1.094	0.546	0.000	0.748	0.000
创新中介能力	D1	1.110	0.431	0.000	0.631	0.000
	D2	1.021	0.432	0.000	0.525	0.000
	D3	1.132	0.616	0.000	0.813	0.000

此外，我们还检验了各构念的区分效度，通过比较每个构念的平均提取方差 AVE 的算术平方根与这个构念与其他构念的相关系数的大小来检验。由表 5-6 可见，对角线上的 AVE 的算术平方根都大于左下方的相关系数，表明测量量表具有较好的区分效度。

表 5-6 各构念相关系数表

	信任	声誉	沟通与信息共享	网站质量	创新中介能力	专用性资产
信任	**0.849**					
声誉	0.556	**0.685**				
沟通与信息共享	0.518	0.599	**0.681**			
网站质量	0.482	0.505	0.524	形成型构念		
创新中介能力	0.564	0.512	0.611	0.577	形成型构念	
专用性资产	0.519	0.559	0.610	0.471	0.564	**0.756**

注：对角线上的黑体数字是平均提取方差 AVE 的算术平方根；对角线左下方是相关系数。

4. 实证检验的结果

我们利用 SmartPLS 3 软件基于偏最小二乘法的结构方程模型（PLS-SEM）检验研究假设，利用 Bootstrapping 方法进行显著性检验，抽样次数设置为 5000 次。我们做此选择有三个理由：一是本研究中包含两个形成型构念，基于共变异数（Covariance）的 SEM 无法分析形成型构念，因而只能选择基于变异数（Variance）的 PLS-SEM；二是相比 SEM，PLS-SEM 更适合做理论探索，本模型对信任影响因素之间的关系进行了探索，适合采用 PLS-SEM；三是 PLS-SEM 适合处理小样本数据，由于本检验的样本仅为 180 份，相对较小，适合采用 PLS-SEM。

PLS-SEM 的估计结果如图 5-2 所示，9 个研究假设中有 4 个在 0.01 的显著性水平下得到支持，1 个在 0.05 的显著性水平下得到支持，而且这些显著影响的路径系数都大于 0.2，说明影响非常明显。同时，影响路径的 f^2 也是衡量影响大小的一个重要指标，大于 0.02 可以认为是有影响（具体如表 5-7 所示）。同时，信任影响因素理论模型解释了信任 44.3% 的方差，表明专用性资产、声誉、网站质量、创新中介能力、沟通与信息共享对信任有一定的预测能力。此外，模型还分别解释了创新中介能力 49.9% 的方差，说明专用性资产、声誉、网站质量、沟通与信息共享能够较好地预测创新中介能力的水平。

具体假设检验结果如表 5-7 所示。其中，声誉和创新中介能力对信任有显著影响；专用性资产、网站质量、沟通与信息共享对信任的直接影响并不显著，而这三个构念对创新中介能力的影响却都很显著，说明创新中介能力在专用性资产、网站质量、沟通与信息共享与信任的影响关系中间起到了完全中介作用。同时，声誉对创新中介能力的影响并不显著，说明创新中介能力并不在声誉与信任中扮演中介角色。

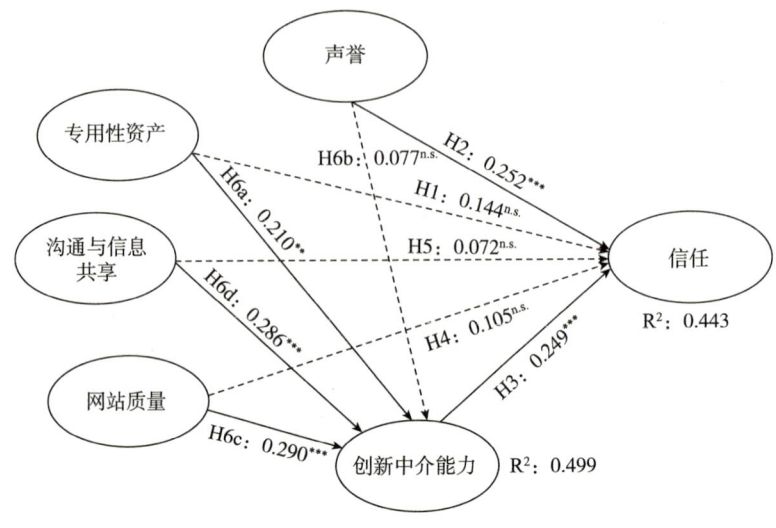

图 5-2 结构方程估计结果

注：＊＊＊表示 p＜0.01；＊＊表示 p＜0.05；＊表示 p＜0.10；n.s. 表示不支持。

表 5-7 假设检验结果

假设	p 值	f²	假设检验结果
专用性资产→信任	0.134	0.020	不支持
声誉→信任	0.003	0.063	支持
创新中介能力→信任	0.004	0.056	支持
网站质量→信任	0.215	0.012	不支持
沟通与信息共享→信任	0.416	0.004	不支持
专用性资产→创新中介能力	0.016	0.049	支持
声誉→创新中介能力	0.290	0.007	不支持
网站质量→创新中介能力	0.000	0.110	支持
沟通与信息共享→创新中介能力	0.002	0.082	支持

第四节 企业对第三方开放式创新平台的信任增进路径

基于第三节的信任影响因素理论模型及实证检验结果，我们发现，代表企业特质因素的专用性资产、声誉、创新中介能力，代表企业间关系因素的沟通与信息共享，以及代表 IT/IS 特性的平台网站质量，都对企业对第三方开放式创新平台的信任起到直接或间接的影响作用。具体而言，声誉和创新中介能力对信任具有直接影响，专用性资产、沟通与信息共享、平台网站质量都通过创新中介能力对信任起到间接影响作用。

以上结论说明，声誉和创新中介能力是影响企业是否信任第三方开放式创新平台最直接和最关键的因素；而专用性资产、沟通与信息共享、平台网站质量是保证第三方开放式创新平台具备创新中介能力的重要前提，这些因素虽然不能直接提高企业信任，但这些因素的缺乏会明显降低创新中介能力，从而降低企业信任，这些因素是企业对第三方开放式创新平台产生信任的必备因素。

此结论其实符合第三方开放式创新平台这个特殊情境。技术创新对企业至关重要，甚至涉及企业的商业机密，这使得企业较难对第三方开放式创新平台产生信任，或者说产生信任所要求的条件比较高。只有当第三方开放式创新平台在专用性资产、沟通与信息共享、平台网站质量方面都达到了企业要求，合作企业才会感知到平台卓越的创新中介能力，进而对平台产生信任。其中，专用性资产、沟通与信息共享对创新中介能力的影响真实反映了创新中介服务的特征。在创新中介服务领域，每个企业对创新技术的需求差异都很大，平台对某一特定企业的成功服务经验，很多时候无法保证平台对另一企业服务的成功，对于每一个合作企业，第三方开放式创新平台基本都需要具备专用性资产，以及充分的沟通与信息共享，才能保证创新中介服务的达成。

因此，针对中国创新服务市场缺乏信任的现状，第三方开放式创新平台应该积极培育自身良好的声誉，努力提高自身创新中介能力，才能获得企业方的信任。在提高自身创新中介能力方面，要着重增加对企业的专用性投资，不能简单停留在罗列创新技术信息的水平，需要真正深入了解企业，利用自身技术经验帮助企业确定技术需求，制定合适的技术引进方案。同时，针对中小企业可能面临缺少创新资金、对国家创新政策不熟悉、技术人才缺乏等问题，平台应尽可能以中介服务的方式为企业提供相关帮助。

此外，在为企业提供创新中介服务过程中，平台方要加强与企业之间的沟通与信息共享，一方面，沟通与信息共享可以使平台方对企业更加了解，更好为企业服务；另一方面，一项技术转移的达成往往需要半年甚至更长时间，平台方需要在合作过程中随时保持与企业方的沟通，及时与企业分享技术搜寻、技术评估、技术检测等方面的进度。同时，第三方开放式创新平台也需要保证平台具有较好的网站质量，如稳定的网站服务、网站信息的有用性和信息质量，以及网站功能满足企业需求。

第六章　第三方开放式创新平台创新能力构建及演进

随着互联网技术的广泛应用，越来越多的创新中介开始搭建互联网平台，致力于聚集全球范围的创新知识资源，为企业开放式创新提供最大限度的支持和服务，由创新中介建立的开放式创新平台即第三方开放式创新平台。第三方开放式创新平台在开放式创新过程中扮演重要角色，是国家创新体系的重要组成部分，其创新能力的高低直接影响国家的创新能力。然而，中国的多数创新中介机构仍存在发展动力不足、创新服务能力欠缺、缺乏专业素质人才的问题，如何借助开放式创新平台进行资源构建并提升创新能力，是国内第三方开放式创新平台所面临的严峻挑战。

目前，国外学者多侧重从信息技术本身分析第三方开放式创新平台，并归纳第三方开放式创新平台的优劣势；国内学者多针对国内外先进平台个案，进行平台运营模式的简单分析。但鲜有学者从信息技术与组织之间关系的角度，研究创新中介如何运用开放式创新平台，促进自身创新能力的构建和提升，亟须相关研究指导国内第三方开放式创新平台如何提高自身创新能力。

第一节 第三方开放式创新平台创新能力的内涵

一、创新中介与创新中介能力

创新中介是指在两个或两个以上主体参与的创新过程中发挥代理人或经纪人作用的组织或实体,具体组织形式包括科技园区、孵化器、科技协会或研究联合会、技术转移服务机构、网上技术市场、创客实验室、创新创业服务中心等。创新中介的核心能力是基于各创新主体的网络化能力,即将创新体系中的各主体联系起来,整合各主体的知识和能力形成网络,使知识和能力得以在不同主体之间进行转移,从而加快企业创新步伐。

对创新中介而言,所拥有的创新资源和中介服务能力是其竞争优势的来源。创新资源主要是指创新提供方及其所拥有的知识资源,以及企业的创新需求资源。创新中介可以通过各种搜寻手段获取这些创新知识资源的信息,进行创新供需双方的匹配。创新中介能力方面,学者 Howells (2006) 总结归纳出创新中介的十项基本功能,Lopez – Vega (2009) 在其基础上又梳理出另外两项,并进一步将此十二项功能划分为三大类:①建立多方之间的联系。创新中介联结了创新需求方和创新提供方,在两者之间充当诚信第三方;为企业提供与客户、同行、政策、科技等之间的联结。②提供合作和支持服务。为客户提供技术和管理上的建议,帮助其进行技术和市场预测;利用自身积累的资源,以及创新知识加工和处理能力，弥补企业在开放式创新过程中欠缺的能力；为企业提供商业化过程中的资金、市场、人才等相关服务。③提供技术相关服务。给出在知识产权、标准、技术评估和员工培训方面的建议。

二、第三方开放式创新平台的创新能力

创新中介基于互联网搭建联结创新需求方和创新提供方的开放式创新平台，被称为第三方开放式创新平台。其中，创新需求方主要是指有创新需求的企业，创新提供方主要包括高校、科研机构、拥有创新技术的企业和个人（行业技术专家、创业者、发明家等）。

作为创新中介重要的 IT 资源，开放式创新平台对促进创新中介能力构建和提高创新中介绩效具有重要作用。一方面，互联网技术使信息交换成本低到可以忽略不计，第三方开放式创新平台使创新需求企业与潜在创新提供者之间建立直接联系，进行创新信息交换，提高了创新需求方和提供方的联结效率，并大大降低了联结成本。另一方面，基于第三方开放式创新平台联结的创新资源更加多样化，获取的创新知识更加广泛，更适合新知识的获取。此外，创新社区形式的第三方开放式创新平台使创新供需双方之间通过互动保持密切的联系，具有开放、灵活、活跃度高等特点。

但也有学者指出，第三方开放式创新平台也存在必然弱势，其技术代理和技术经纪功能相对较弱，尤其对于较复杂的技术，其创新转移能力较差。因此，创新中介在使用开放式创新平台时，需充分发挥开放式创新平台的优势，并采取一定手段弥补其劣势。

第二节 第三方开放式创新平台创新能力构建及演进的理论基础

一、资源编排理论

企业所拥有的有价值的、稀缺的、难以模仿的、不可替代的异质性资源是构建企业核心能力的基础,是推动企业形成竞争优势的核心。基于资源基础理论而提出的资源编排理论强调,资源的价值还会随着资源利用方式的不同而不同,产生不同的绩效,因此,企业需要更加关注对各种资源的有效管理,将资源进行合理调配、组合、转化利用,从而构建核心能力。具体而言,管理者可采取三类资源编排动作,包括:构建资源组合、资源归拢整合以建立能力,以及资源的转化利用以创造客户与企业价值。

资源编排是一个动态过程,同一企业在不同阶段所需要的资源编排方式是不同的,所构建的能力也存在差异。因此,资源编排理论可以用于揭示企业在不同阶段的能力演化路径。崔淼等(2013)研究了跨国公司资源演化与合资企业控制权配置动态变化的过程。Cui 和 Pan(2015)基于企业的电子商务采纳过程,讨论了企业如何在不同阶段对 IT 资源和非 IT 资源进行资源编排从而构建能力。许晖和张海军(2014,2016)基于资源编排理论发现了制造业企业服务创新能力构建机制及演化路径。

二、基于资源编排的创新能力构建

根据资源编排理论,企业核心能力的形成是企业将众多异质性资源进行合理配置和使用的结果。基于互联网的开放式创新平台作为创新中介重要的 IT 资源,需要与其他资源进行整合,充分发挥 IT 资源的杠杆或使能作用,形成独特的基于 IT 的资源协调机制,才能真正提升第三方开放式创新平台的创新能力。

资源编排理论通过打开资源与能力之间动态演化的"暗箱",为研究第三方开放式创新平台创新能力的建构和提升提供了理论基础。基于资源编排理论,针对第三方开放式创新平台的创新全过程,提出创新能力构建和演进的理论框架,如图 6-1 所示。

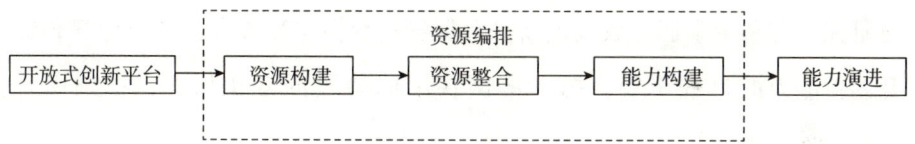

图 6-1 第三方开放式创新平台能力构建和演进的理论框架

第三节 第三方开放式创新平台创新能力构建及演进的内在机理

为了深入探究第三方开放式创新平台创新能力构建和提升的内在机

理，我们选取国内新兴第三方开放式创新平台——众研网（zoneyan.com）为典型案例，以资源编排理论为分析视角，研究创新中介如何利用开放式创新平台实现资源整合，从而构建和提升第三方开放式创新平台的创新能力，这对促进第三方开放式创新平台的发展、提高企业开放式创新的效率具有重要意义。后文中的开放式创新平台特指由创新中介建立的第三方开放式创新平台。

一、单案例纵向研究设计与方法

本部分选用单案例纵向研究方法，原因有三：一是本部分旨在回答开放式创新平台如何促进创新能力构建和提升，是属于"HOW"的问题范畴，适合采用案例研究法；二是选取单案例进行分析有利于充分了解案例的背景，并能保证案例研究的深度；三是通过选取合适的时间间隔进行纵向研究，有利于掌握开放式创新平台促进资源构建和整合，进而构建和提升创新能力的过程全貌，揭示案例在不同阶段的变化情况，识别因果关系。

1. 案例选择

案例选择需要满足代表性和典型性原则，纵向案例研究还需格外考虑数据的可获取性和质量，因此，我们设定创新中介选择标准如下：①已建立自己的开放式创新平台，并成功运用其提供创新中介服务；②开放式创新平台的使用促进了创新中介能力的构建和提升；③纵向数据的可获取性和质量。

基于以上标准，我们最终选择众研网为单案例研究样本，原因如下：

（1）案例代表性和典型性。①众研网是国内一个典型的化工橡胶行业开放式创新平台，通过搭建创新提供方和创新需求方的互联网平台促进双方的高效匹配，为化工橡胶企业提供技术创新中介服务。众研网依靠完全市场化运作，在开放式创新平台上线第一年即实现盈利，目前，众研网已完成和在进行创新中介项目超 300 项。②开放式创新平台上线之后，众研网逐渐形成了核心技术创新中介能力，并且，随着开放式创新平台的改版升级，众研网的创新中介能力得到进一步提升，客户黏性增加，众研网盈利能力也逐步增强。

（2）数据可获取性和质量。①众研网与山东大学有稳定的合作基础，且双方均位于同一地理区域，便于进行深入调查和访谈，获取大量一手数据，确保数据的质量。②众研网开放式创新平台和其建立的微博、微信、Linked - In 等公众号平台，包含众研网自成立以来的大量信息和数据，均可直接获取。③作为国内新兴开放式创新平台，众研网经常受到集团媒体及其他新闻媒体的关注和报道，这有利于从多种媒体渠道获取众研网发展全过程的二手数据，为数据的多方验证提供可能。

2. 数据收集

为确保数据的完整性与一致性，我们通过多种途径收集一手和二手数据，使数据之间可以进行相互补充和相互验证，数据来源见表 6-1。

表 6-1 数据类型及来源

数据类型	数据来源	数据包含关键信息
一手数据	深度访谈	企业战略、演进历程、企业资源管理过程、开放式创新服务流程、服务内容及具体实施策略
	参与观察	平台演变、平台技术特征、平台板块和内容、平台规则、平台运作流程、平台拥有创新资源
二手数据	集团网站（rubbervalley.com）；搜索引擎搜索互联网媒体报道	集团战略、企业文化、企业荣誉和绩效、企业商业模式、企业大事记和发展历程、企业影响力
	社交网络企业公众号（微博、微信、Linked - In）	企业介绍、企业向用户发布的信息内容、企业开展的创新服务活动、企业与用户的互动

一手数据包括深度访谈和参与观察。我们分别在2016年4月和2016年12月对众研网的7位员工进行了深度访谈，其中，众研网总经理分别参与了两次访谈，具体访谈数据信息见表6-2。此外，参与观察是我们进行数据收集的起点，从众研网上线到2017年2月，团队成员通过持续观察该开放式创新平台（zoneyan.com），并注册成为平台用户，亲自参与平台的创新流程，获取众研网一手数据。二手数据包括集团官方网站发布的企业信息、互联网媒体报道，以及众研网通过社交网络上的企业公众号发布的信息。

表6-2 访谈数据

访谈次数	访谈日期	访谈时间	访谈人员	访谈提要
第一次访谈	2016/4/7	120分钟	总经理、助理（负责创新技术搜索和平台运维）	企业发展过程、企业定位、企业资源管理过程、企业创新中介服务内容、平台的建立和使用、平台的运作、平台的改版
第二次访谈	2016/12/15	90分钟	总经理、副总经理	企业的资源管理过程、平台的建立和使用、平台的进一步发展、核心资源和核心业务成长历程、企业与利益相关者之间的关系、平台模式巩固
	2016/12/15	120分钟	两位高层领导	
	2016/12/16	170分钟	两位高级项目经理	创新中介服务项目的具体过程、平台的采纳和使用

3. 阶段划分

在纵向案例研究中，首先要进行阶段的划分。我们通过参与观察发现众研网经历了从众研网1.0到众研网2.0的变更，访谈数据和二手数据的收集和分析也验证了此发现。虽然在访谈中我们了解到，众研网在引入开放式创新平台之前存在前期发展阶段，但此阶段并不属于本章研究范围，因此，我们将众研网的发展划分为两个阶段：第一阶段为众研网初创探索阶段（2014.10~2015.9），第二阶段为众研网规范发展阶段（2015.9~2017.2）。图6-2显示了众研网的发展阶段及我们的研究范围。

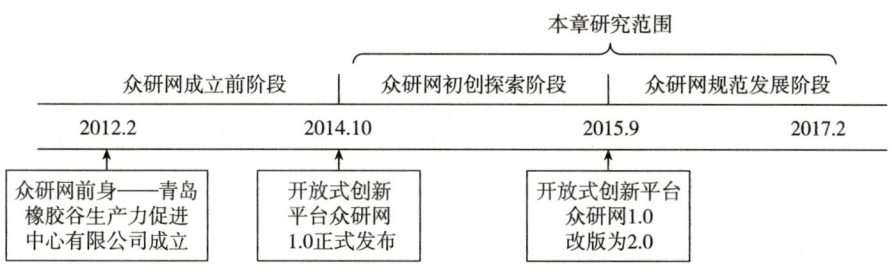

图6-2 众研网的发展阶段划分

4. 数据分析

一手数据和二手数据均被转化成文本资料，共计15万字。我们采用扎根理论的理论建构逻辑，通过归纳的分析方法进行编码，自下而上建立理论。首先，逐句研读资料，在句末或段落旁写上想到的标签作为概念节点，由于我们通过阶段划分进行纵向研究，因此在编码时将"众研网发展阶段"作为概念节点的属性；其次，对属于同阶段的概念节点逐渐提升概念及其关系的抽象层次，分阶段分析其资源编排过程；最后，通过归纳构建理论。我们使用定性研究软件Nvivo 11.0进行数据编码工作，提高编码效率，保证数据处理过程的科学化和标准化。

二、案例分析

1. 背景分析

众研网的前身是青岛橡胶谷生产力促进中心有限公司（以下简称生产

力公司），成立于 2012 年 2 月，位于橡胶谷园区内，是橡胶谷集团的全资子公司。橡胶谷是由行业协会、政府、高校和企业四方发起设立，为化工橡胶行业提供解决方案的综合服务园区，园区内落户了众多国家级、省市级科研机构和百余家行业企业，初步形成完善的产业生态链条。成立之初，生产力公司致力于为橡胶谷园区内科研机构和行业企业提供科技创新方面的中介服务。

生产力公司成立之初没有任何科技服务经验，公司基于自身资源禀赋（青岛科技大学的知识和人才资源、橡胶谷的资金和土地资源、橡胶谷园区内科研机构和企业资源、高层领导的关系资源等）不断摸索中介服务的模式。经过两年多的发展，生产力公司一方面积累了科技创新中介服务经验资源，明确了企业的科技创新需求，并归纳总结企业提供技术中介服务涉及的具体内容和步骤；另一方面积累了大量创新资源，包括万余项技术成果资源，并与高质量创新者之间建立了亲密关系。

然而，随着经验和资源的积累，生产力公司认识到，初始的市场范围（面向橡胶园区内化工橡胶行业企业进行科技服务）无法使自身积累的众多科技创新知识资源得到充分利用，地理位置成为制约生产力公司发展的关键因素。互联网技术在企业的应用推广，以及国外优秀开放式创新平台的运作启发了生产力公司，公司从外部聘请高管筹建开放式创新平台"众研网"，借助互联网的优势突破地域的限制，实现创新知识资源在全网范围内的广播和匹配。此后，生产力公司在对外宣传时统一称为众研网。

2. 众研网初创探索阶段分析（2014.10 ~ 2015.9）

（1）开放式创新平台——众研网 1.0 介绍。众研网利用互联网搭建了基于创新提供方（个人、企业、高校、科研机构等）和创新需求方（企业）的双边市场，平台对所有人开放，个人和企业、科研机构等组织等均可在平台注册成为平台用户。平台的初始市场定位为，向化工橡胶行业企业提供技术创新中介服务。其中，创新提供方通过众研网发布自己的技术创新项目或专利，转让给有需求的企业；创新需求方通过众研网发布在生产和服务过程中遇到的技术问题或创新需求，传播给有技术创新能力的企业、科研机构或个人，寻求解决方案；此外，企业还可以通过众研网发布有关检验检测和技术咨询方面的需求，供有相应能力的机构承接。众研网1.0的服务业务围绕技术创新展开，共包含五大板块，具体服务内容见表6-3。

表6-3 众研网1.0服务业务介绍

服务业务	服务内容
成果交易	创新提供方发布自身持有的、成熟的、可产业化的技术创新成果，一般为一整套的技术方案，以"授权"或"出售"的模式将技术转让给创新需求方，交易金额一般较高或面谈定价
知识产权委托	创新提供方发布专利信息，供有专利需求的一方进行交易，交易方式一般为专利转让
任务众包	创新需求方发布生产和服务过程中遇到的技术问题或创新需求，接受广大企业、科研机构及个人创新者的投标
检测委托	有技术检测需求的企业发布检测任务，具有检测资质的机构（专业检测机构、科研机构等）进行投标，检测后出具相应检测报告
技术咨询	有技术咨询需求的企业发布咨询任务，有能力的机构或个人（高校、科研机构、技术专家等）进行投标

（2）开放式创新平台促进技术创新资源构建。基于自身资源禀赋，众研网在成立前就吸纳软控集团的技术高管加入自身核心团队。软控集团是国内橡胶、轮胎行业自动化和智能化设备研发领域的领头羊，因此，众研网拥有部分化工橡胶行业的领先创新技术资源，以及一些化工橡胶行业的企业资源（创新技术需求资源）。众研网通过构建开放式创新平台，扩大了技术创新资源的范围，加快了技术创新资源积累的速度，促进了技术

创新资源的构建。

1）构建双边市场聚集更广泛的创新供需资源。更广泛的创新提供方和创新需求方资源是众研网最重要的知识资源，这是进行创新供需匹配的前提，这些知识资源不同于有形资源，无法简单地从要素市场进行购买。众研网基于互联网搭建了创新提供方和创新需求方的双边市场。根据双边市场的交叉网络外部性，市场一方的用户数量影响另一方用户的数量和总交易量，众研网在初期运营阶段，发布了大量前期积累的优质创新成果资源，吸引了全国各地的创新需求企业纷纷关注众研网，使众研网获得众多企业创新需求资源，推动平台进入良性运营模式。通过发挥平台的正向网络效应，众研网持续积累创新需求和创新知识资源。

此外，众研网每年都承接国家级赛事"全国大学生高分子材料创新创业大赛"（简称 PMC 大赛），PMC 大赛是众研网与高校建立合作关系的纽带。通过链接众研网和 PMC 大赛，在高校学生和教师中推广众研网，为众研网积累高质量的创新提供方和创新知识资源。

截至 2017 年 2 月，众研网已汇聚了国内外 136 所高校资源、68 家国际与国家级研究机构资源、49 家海外专家组织资源、1200 多名来自各行业的专家带头人资源等，这些资源成为众研网重要的创新知识资源。

2）构建技术支持服务资源。创新技术作为特殊商品，没有统一的质量评价标准，这决定了创新技术的转移过程不同于普通商品的交易过程。一项技术转移合约的缔结，不是技术转移的结束，而是开始，从合约缔结到技术转移结束一般需要半年甚至更久。技术转移合约缔结之后，进入技术的产业化试验期，技术持有方帮助技术受让方将技术置入产业化流程中，首先进行产品的试生产，待产品生产结束，再进行产品的检测，从而证明技术的优劣，这个过程涉及技术评价、检验检测等技术支持服务。此外，部分中小企业由于自身技术知识和能力有限，往往还需要外聘专家进行技术咨询。众研网通过开放式创新平台帮助需求企业对接技术咨询专家或机构、技术检测评价机构等，构建技术支持服务资源，帮助企业顺利完成技术转移。

（3）资源整合——线上线下相结合。企业所构建的资源只有被合理地整合利用，才会形成核心能力。众研网在着力打造线上开放式创新平台用以构建技术创新资源的同时，也积极积累自身人力资源和组织资源，如技术中介服务人员的专业技术知识、中介服务经验、关系资源、中介服务流程规范化等。为了通过资源整合构建技术创新中介服务能力，为客户提供比竞争者更高的价值，众研网创新性地采用线上线下相结合的资源整合方式，为客户提供服务。众研网通过构造创新知识从提供方转移到需求方的完整服务链条，为每项技术中介服务设计规范化的"线上+线下"业务流程，实现以开放式创新平台为中心的资源协同，为客户提供基于开放式创新全流程的技术中介服务。

其中，众研网线上平台主要用于聚集企业技术需求资源和创新技术知识资源，在"意向达成"阶段实现创新技术需求方和创新技术提供方的快速匹配，形成"创新项目"，以及完成成果交易、任务众包、知识产权委托、检测委托、咨询服务的在线交易。图6-3是众研网线上平台"任务众包"业务中的一个项目截图。

众研网的线下业务主要是针对无法通过互联网完成的业务环节提供线下服务。具体而言，开放式创新前期，众研网帮助企业识别技术需求并利用开放式创新平台进行发布，或帮助创新技术持有方编写技术项目报告并利用平台进行发布；当创新供需双方基于开放式创新平台完成快速匹配后，众研网帮助创新供需双方在成果转化过程中建立彼此的联系，如及时沟通双方信息、促进双方磋商会谈、签订协议、督促付款等；此外，针对成果转化过程中可能涉及的技术咨询、技术评估、合同起草、检验检测等

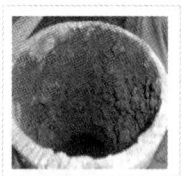

图6-3 众研网某任务众包项目截图

资料来源：众研网官方网站，http://www.zoneyan.com/demand。

需求，众研网利用自身积累的技术知识资源为企业提供委托服务。众研网的线下业务对线上业务起到辅助作用，确保创新知识从提供方成功转移到需求方，图6-4显示了众研网线上线下相结合的服务流程。

（4）构建技术创新中介服务能力。在初创探索阶段，众研网通过开放式创新平台获取和积累了核心技术创新资源，并通过线上线下相结合的资源整合方式进一步拓展和深化创新服务能力，构建了技术创新中介服务能力，通过为客户提供全流程的技术服务，为众研网赢得竞争优势。具体能力包括：

1）技术预测和诊断能力。创新需求的发布是利用众研网进行开放式创新的第一步，其中的关键是创新需求的明确表达，即编写创新技术需求说明书。众研网帮助缺乏技术预测和诊断能力的中小企业进行技术规划，

第六章 第三方开放式创新平台创新能力构建及演进

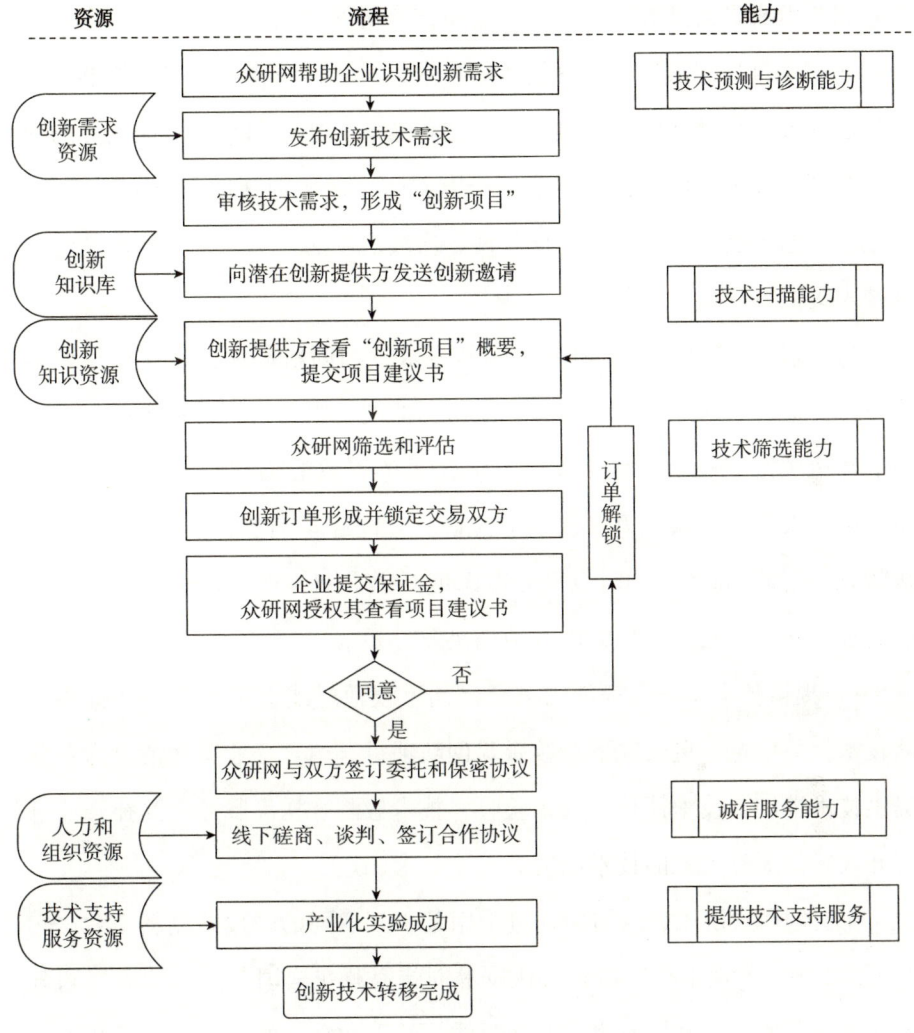

图6-4 众研网"线上+线下"服务流程

分析其面临的技术问题,并对技术可能的走势进行预测和分析,明晰企业的技术创新需求,并准确表达。

2)技术扫描能力和技术筛选能力。众研网通过逐步积累建立了自己的创新知识库,包括众多技术成果基本信息、成果持有者信息、技术专家

· 135 ·

信息和技术成果信息等。针对企业发布在众研网的创新技术需求，众研网一方面扫描自身创新知识库寻找适用技术，另一方面通过社交网络群、邮件列表等方式向潜在创新提供者发送创新邀请，加速创新技术提供方的回应。当创新技术提供方提交初步解决方案时，众研网帮助企业进行筛选，根据技术的先进性、成熟性、创新性、后续研发能力等因素，确定最优创新技术提供方。

3）诚信服务能力。众研网在创新需求方和创新提供方之间充当诚信第三方，进行双向的沟通和服务。众研网的技术服务人员总结出服务过程中的"七关"——七个易导致技术中介服务失败的关键时点（接单、谈单、第一次线下洽谈、第二次线下洽谈、合同起草与签订、产业化实验、拨款），从而在每个关键时点充分考虑创新供需双方的要求，在保证双方的充分沟通的基础上，最大限度地满足双方要求。

4）提供技术支持服务能力。众研网不仅通过线上平台为企业提供创新技术相关信息，更会线下持续跟踪创新项目，结合企业实际情况为企业提供技术咨询、技术评估、成果验收、技术检测委托等服务，弥补企业进行开放式创新时欠缺的技术能力。

在初创探索阶段，众研网通过采用基于互联网的开放式创新平台——众研网1.0，实现了化工橡胶行业技术创新资源在全国范围内的集聚和分发，提高了资源的利用效率，并通过线上线下相结合的方式实现了基于开放式创新平台的资源协同，构建了技术创新中介服务能力，如图6-5所示。此阶段，众研网通过为企业客户提供专业的技术中介服务，按照服务项目总案值的固定比例收取服务费用，实现了自身收益，摆脱了依靠集团资金支持的窘境。

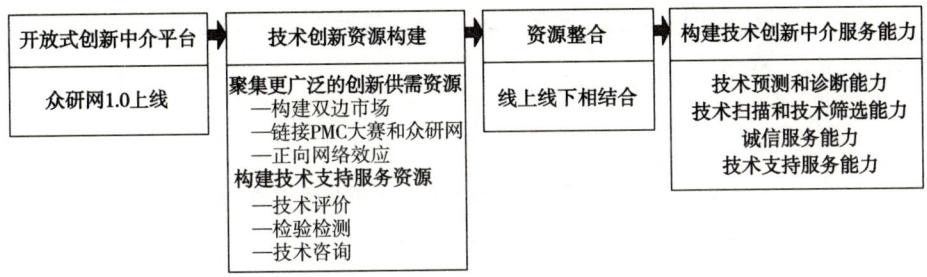

图 6-5 技术创新中介服务能力构建流程

3. 众研网规范发展阶段分析 (2015.9~2017.2)

(1) 开放式创新平台版本升级——众研网 2.0。众研网通过初创探索阶段的运营发现,很多中小企业非常想引进外部创新技术,但由于缺乏资金、创新管理经验和技术人才等,迟迟无法开展开放式创新,因此,众研网仅提供技术创新中介服务无法满足企业客户多方面的需求。众研网识别并利用这个市场机会,将原有的五大服务板块拓展到九大板块,致力于为各行业中小企业提供开放式创新的全方位服务,并将众研网由 1.0 改版为 2.0。

众研网此次版本升级,主要是服务业务的增加,发生变动的五项业务除了认证评价业务是基于技术的服务,其余四项业务均致力于为企业提供除技术之外的辅助服务业务,包括中小企业进行开放式创新时所需的管理咨询、资金、人才、市场等方面的服务业务,弥补企业欠缺的开放式创新能力。表 6-4 详细对比了众研网 1.0 和众研网 2.0 的服务业务。

(2) 开放式创新平台促进全方位创新资源构建。基于市场机会识别,众研究拟为多行业企业提供全方位创新服务,第一步便是构建包括技术、人力、资金、市场、政府等全方位的创新资源。众研网通过改版的开放式创新平台——众研网2.0，一方面进一步丰富既有技术创新资源，另一方面新获取非技术服务辅助创新资源。

表6-4 众研网1.0和众研网2.0的服务业务对比

服务业务		众研网1.0	众研网2.0
核心业务	成果交易	√	√
	任务众包	√	√
	知识产权	√	√
技术支持性服务业务	技术检测	√	√
	认证评价	√	√
其他支持性服务业务	管理咨询	√（部分：技术咨询）	√
	金融资本		√
	人才众筹		√
	企业孵化		√
业务模式描述		全流程技术创新中介服务	全方位开放式创新中介服务

1）开放式创新平台促进原有技术创新资源拓展。一方面，众研网2.0持续积累并拓展创新需求方和创新提供方两项核心资源，如将创新供需双方资源由化工橡胶行业拓展至多行业，如矿山安全、涉海涉蓝、特种设备、黄金产业等；吸纳海外创新技术资源，将创新知识资源的范围由国内扩展到国外。另一方面，众研网2.0深入开发更多技术支持服务资源，除了技术检测服务资源，还进一步开发认证评价服务资源，包括体系认证（如ISO9000质量管理体系认证、ISO14000环境管理体系认证）、产品认证（如ISO14020环境标志认证/十环认证、食品QS及工业生产许可证办理）以及特种设备许可证认证等方面的认证机构。

2）开放式创新平台促进新资源获取。众研网2.0新增的业务板块致力于获取更多支持开放式创新的非技术辅助资源，弥补中小企业进行开放式创新时欠缺的各方面资源和能力。

①管理咨询资源：聚集管理咨询知识资源，通过打造四师诚信联盟（资产评估师、税务师、注册会计师、律师），为企业解决在开放式创新过程中遇到的财务、运营、法律等方面的问题。

②资金资源：资金短缺是中小型企业在进行开放式创新时最容易遇到的问题，如缺乏创新研发资金、缺乏创新转移资金、缺乏产业化资本投入等。众研网帮助企业进行技术融资，通过开放式创新平台发布优秀的技术项目以及相应资金需求，以出让部分股权的方式进行融资，为其对接投资机构。此外，对孵化型企业，众研网为其对接种子投资和风险投资。

③人力资源：鉴于众研网的个人用户中有大量技术人员和高校师生，众研网通过平台发布中小企业的人力资源需求，在满足企业需求的同时，为众研网积累更多创新提供方资源。

④政府及政策资源：政府在开放式创新过程中更多发挥基础性作用，通过制定政策、设立专项科技资金、创办科技园区等，引导企业的技术研发和产业化发展。众研网凭借自身出色的开放式创新服务模式获得政府的高度认可和积极推广，从而将众研网的服务模式输出到全国各产业。同时，众研网通过为企业提供全面的国家、省、市级各项科技和孵化政策等，帮助企业申请科技补贴、产业化引导资金、政府对创新创业的专项支持等，以及获取其他政策优惠。

（3）资源整合——创新资源复合网络。创新技术的成功转移，有赖于各种创新资源的有力支撑和对其的整合利用。众研网基于开放式创新平台构建的全方位创新资源，是保证众研网提供全方位开放式创新中介服务的基础。为了充分发挥各种创新资源的最大价值，众研网通过开放式创新平台构建基于各创新资源主体（政府部门、工商企业、科研机构、行业专家、技术检测和认证机构、管理咨询机构、投资机构、金融组织等）的创新网络，即创新资源复合网络，如图6-6所示。

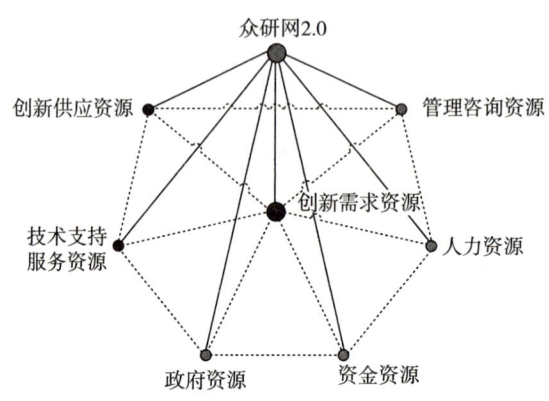

图6-6 基于众研网的创新资源复合网络

首先，各类创新资源形成以众研网为中心节点的星形网络。其次，众研网所连接的创新资源可被分为两大类，众研网是这两大类资源的关键枢纽。一类是创新需求资源，即企业对技术创新的需求资源；另一类是企业进行开放式创新所需的全方位资源，包括创新供应资源、技术创新资源以及非技术服务支持资源。如此，有创新需求的企业通过众研网便可以与各项创新资源以间接的星形网络连接，保证满足企业在开放式创新过程中对各种资源的需求。通过构建创新资源复合网络，众研网充分整合利用各种创新资源，发挥资源的网络协同作用，为企业进行开放式创新提供全方位服务。

此外，众研网积极调整自身组织结构，成立专门部门负责资源整合，充分掌握不同创新资源主体的知识编码规范，并进行解构，使各种创新知识可以在网络中顺畅并高效地实现转移。同时，针对每一个创新项目，众研网使核心技术业务部门与非技术支持服务部门彼此配搭，充分利用网络中的各种创新资源，为企业提供全方位的创新中介服务。

（4）构建全方位创新服务能力。在规范发展阶段，众研网2.0基于创新资源复合网络构建了全方位创新服务能力，通过为企业提供全方位创新服务，赢得竞争优势。一方面，众研网通过持续为中小企业客户提供专业化技术创新中介服务，加固核心技术创新中介服务能力；另一方面，众研网通过整合政府、市场、资金、人才等资源，发挥基于多样创新资源的网络化作用，增强非技术性支持服务能力，为客户提供技术之外的多元化服务，弥补其所欠缺的开放式创新管理能力。

1）加固核心技术创新中介服务能力。众研网2.0仍然以创新技术转移和科研任务众包为核心业务，通过深化技术服务专业程度，加固技术创新中介服务能力。一方面，众研网积极吸纳行业领先技术人才担任高管，要求技术服务人员必须为高级工程师，并通过培训和实战提升技术服务人员的服务能力和经验等，打造兼备技术能力和服务能力的技术中介服务人才队伍。另一方面，众研网通过开放式创新平台进一步拓展和整合多行业，以及国内外技术创新资源。这些人力资源和技术创新资源，保证众研网可以为客户提供更专业化的技术中介服务，从而形成技术创新中介服务核心能力。同时，通过帮助更多企业顺利解决技术难题，众研网获取了更多企业的信任，增加了客户黏性。

2）开拓非技术性支持服务能力。众研网2.0通过资源整合形成了更多"建立多方之间的联系"和"合作和支持"方面的中介能力，并提高了自身盈利能力。具体包括：

①商业化和资金支持能力。创新技术转移只有在其转化成商业化产品之后，才能实现其经济价值。众研网帮助企业建立和运营销售渠道，并为

企业提供人才培训、项目申报、管理咨询等一系列增值服务，加快技术商业化。此外，众研网积极为企业对接从产业化研究开发、转移交易到产业化投资整个过程的资金支持，如产业化研发阶段可以申请政府专项研发资助，技术转移费用和产业化投资主要依靠金融资本或技术受让方的商业投资，初创企业主要依靠种子投资和风险投资。众研网通过为企业提供市场化导向的增值服务，大大提高了技术转移成功率，加快了企业的创新速度。

②科技、政策和产业之间的网络连接能力。众研网成为创新系统中科技、政策和产业界之间的转换枢纽，有效弥合技术、政策与市场之间的鸿沟，从而加速创新系统中社会—物理联系的沟通和协调。众研网通过广泛连接政府和政策资源，积极获取政府的认可及推广，与多家高新技术产业园等签订战略合作协议，通过共同建设园区服务平台的方式，将众研网的开放式创新服务模式输出到全国多个产业。通过众研网的联结，一方面，使科技政策对企业发挥了应有的引导作用，另一方面，使创新需求企业真正获取到政策带来的利益。

③产业孵化能力。一些技术项目，尤其是变革性技术，有时无法在既有产业版图中找到应用机会，众研网帮助这些高科技孵化项目转化为运营良好的企业，为其设计合适的产业化模式，并帮助其识别市场机会、制定商业计划、建立和运营销售渠道、对接风投、融资募股等。

④盈利能力。以创新技术转移和任务众包为核心的技术中介服务项目一般涉及案值金额庞大，服务周期较长，一般为1~3年，导致资金回笼速度太慢。众研网2.0重新规划众研网服务业务之后，通过均衡开展涵盖短期（1~3个月）（知识产权、检验检测、认证评价等）、中期（3~6个月）（管理咨询、金融资本等）以及长期（1~3年）（创新成果交易、科

研任务众包）的不同服务业务，在保持核心长线业务不变的情况下，搭配更多中线和短线业务，增加中短期资金收入，使众研网的盈利模式更加合理，提高其盈利能力。

众研网2.0促进了更多创新资源的整合利用，构建了全方位的创新服务能力，如图6-7所示。众研网上线运营两年半，已为全国多地企业提供创新中介服务超过200次，目前尚有120个在服务项目，项目案值超过两亿元。

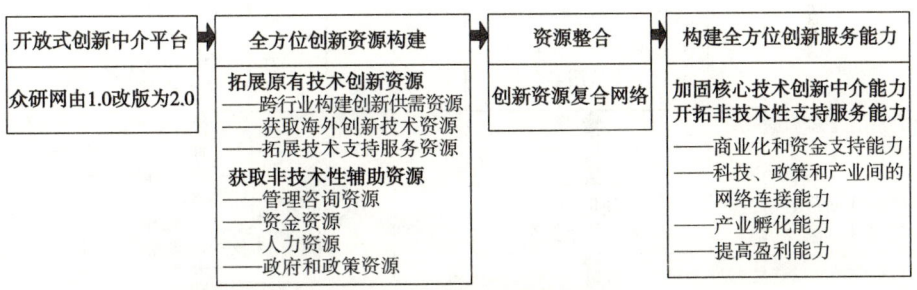

图6-7　全方位创新服务能力构建

三、案例发现——第三方开放式创新平台创新能力构建及演进的内在机理

本部分基于资源编排视角深入分析了众研网两阶段的能力建构过程，发现众研网通过开放式创新平台构建的资源和能力均呈现出上升的趋势，资源得以丰富和拓展，能力得以提升，由此，发现了开放式创新平台促进创新能力构建和演进的微观机理，如图6-8所示。

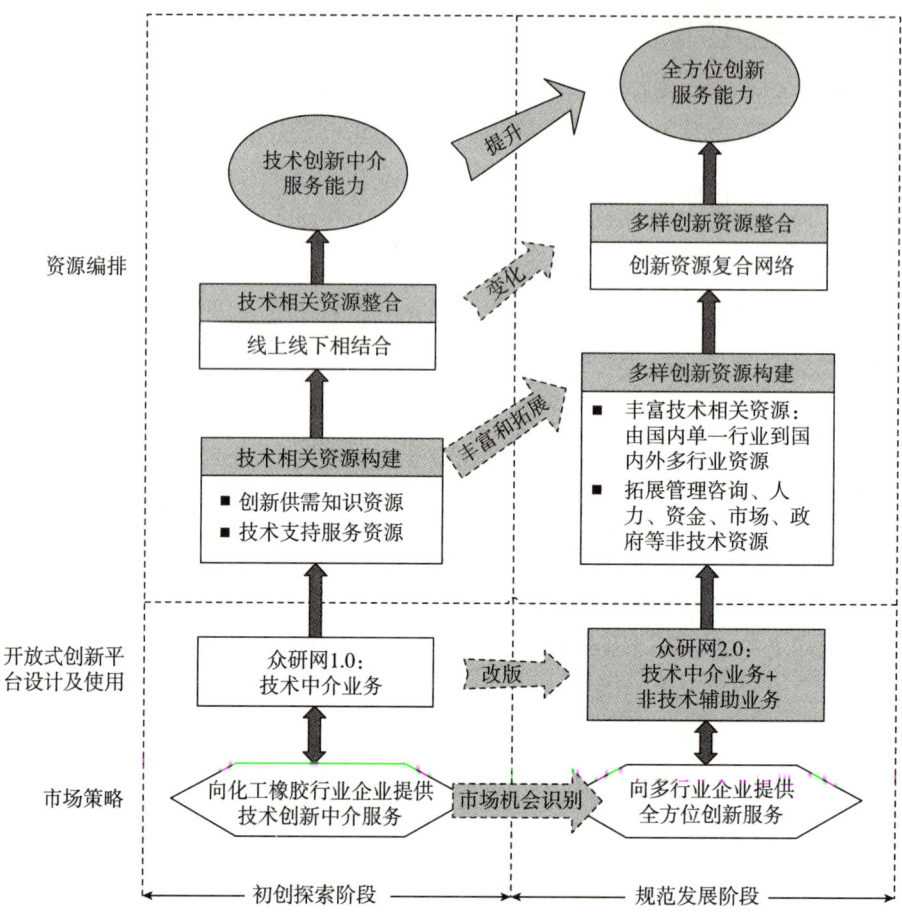

图6-8 第三方开放式创新平台的创新能力构建和演进机理——以众研网为例

第四节 第三方开放式创新平台创新能力提升对策

一、基于平台的资源编排是创新能力构建的关键

基于第三方开放式创新平台的资源编排,即创新中介通过开放式创新平台进行资源构建、资源整合与利用，以及能力形成的动作。新兴第三方开放式创新平台以其独特的互联网优势促进创新中介的资源构建，进而围绕开放式创新平台为核心进行资源整合，通过充分发挥 IT 资源的使能作用，使开放式创新平台与其他资源实现互补，创造出高价值的协同，从而构建出创新能力。

初创探索阶段，众研网基于开放式创新平台构建技术创新资源，通过将基于开放式创新平台的线上业务与线下业务相结合，构造创新知识从提供方转移到需求方的完整服务链条，克服仅依靠开放式创新平台难以转移复杂技术的劣势，构建了众研网的核心技术创新中介能力。规范发展阶段，众研网在构建全方位创新资源的基础上形成创新资源复合网络，以开放式创新平台为中心节点连接了企业的创新需求资源与开放式创新所需的技术与非技术创新资源，充分发挥基于多样创新资源的网络化作用，构建了全方位的创新服务能力。

二、资源编排的改进是创新能力演进的动力

从初创探索阶段到规范发展阶段，众研网的资源构建得以丰富和拓展，众研网的中介能力由单一的技术创新中介服务能力演进到全方位的创新服务能力。在能力演进过程中，资源编排动作的改进发挥了重要的驱动作用。

初创探索阶段，众研网基于开放式创新平台主要获取和积累创新供需资源及技术支持服务资源，资源构建的范围集中于国内化工橡胶行业，资源构建的内容是技术相关资源，整合方式是线上线下相结合，由此构建了众研网的技术创新中介能力。然而，单一的技术中介能力并不能为创新中介带来持续的竞争优势，创新中介需要发挥网络化能力，构架集聚各类创新资源的复合网络。

规范发展阶段，众研网拓宽资源构建范围，采用创新资源复合网络为资源整合方式，促进了创新中介能力的提升。技术资源构建方面，集中领域从国内化工橡胶行业拓展到国内外多行业。同时，众研网还构建了除技术以外的人力、资金、管理咨询、市场、政府等非技术创新资源，进一步拓展了资源构建的宽度。在此阶段，众研网不仅加固了众研网的核心技术创新中介能力，还开拓了众研网的非技术性支持服务能力，从而构建了全方位的创新服务能力，实现能力的高阶演进。

三、开放式创新平台与创新中介组织策略相匹配

众研网在初创探索阶段和规范发展阶段的市场策略是不同的，这引起众研网在不同阶段所采纳的开放式创新平台发生变化。组织与组织所采纳的IT之间存在互相建构的关系，组织改变会引起IT的变化，因此，创新中介对开放式创新平台的采纳会随着创新中介的策略变动而发生改变。

众研网初创探索阶段，为了与技术创新中介服务策略相匹配，开放式创新平台的业务板块均围绕技术展开。此外，为了解决复杂技术转移难题，众研网将开放式创新平台嵌入业务服务流程内部，为每项技术服务业务确立完善的"线上+线下"的流程，保证为企业提供高成功率、专业化的技术创新中介服务。众研网规范发展阶段，为了与全方位的创新服务策略相匹配，开放式创新平台由众研网1.0改版为众研网2.0，服务业务由原来的五大板块增加至九大板块，用以构建全方位创新服务所需要的资金、人力、市场、政府等新资源和能力。此外，众研网充分发挥开放式创新平台的网络化优势，构建创新资源复合网络，保证开放式创新企业可以通过众研网得到全方位的创新服务。

四、第三方开放式创新平台的设计

首先,创新中介在设计第三方开放式创新平台时,要充分结合自身组织策略,设计合适的平台板块,用以构建所需要的创新资源。其次,开放式创新平台参与创新中介的资源和能力建构的全过程,因此,创新中介要设计合理的资源编排方式将开放式创新平台嵌入创新服务过程中,与创新中介自身资源进行整合,产生协同效应,共同构建创新中介能力。最后,创新中介单单提供基于技术的中介服务很难满足企业对于开放式创新的多方面需求,因此,需要在构建核心技术创新中介服务能力的基础上,吸纳更多支持性服务资源(人才、资金、政府、市场等)与技术资源进行整合,为中小企业进行开放式创新提供全方位的创新服务,保证企业开放式创新的顺利进行。

第七章 对策及建议

本章分析了当前发展背景下我国第三方开放式创新平台面临的主要问题，并从第三方开放式创新平台建设方、中小企业使用方与国家管理三个角度，在掌握其发展背景、发展现状、发展模式、运行机制和发挥功能的基础上，提出对我国第三方开放式创新平台的启示与建议。

第一节 对第三方开放式创新平台建设方的建议

开放式创新平台不仅包括网络平台建设，也与多种创新资源的开放共享、产权保护等各种治理有关。各种类型的开放式创新平台，都可以帮助中小企业实现开放式创新的管理。凭借着开放式创新平台的各种资源，不仅参与各方能得到技术、资金等所需的资源，而且一定程度上参与方的技术创新成果和隐私也能得到有效保护。通过提取出创建开放式创新平台的最重要的因素，发现第三方开放式平台建设方的问题与缺陷，从各层面促进第三方开放式创新平台更加完善,从而促进中小企业营造更加活跃、更加自由的开放式创新创业氛围,并能更加快速地融入开放式创新的大环境中。

通过对上述典型第三方开放式创新平台发展情况的梳理,针对我国第三方开放式创新平台存在的种种不足,可以看出目前我国亟须提升第三方开放式创新平台的整体竞争力,进而推动我国创新行业的进一步发展。

一、充分使用大型企业资源

目前来看,开放式创新平台基本都是依托企业建设的,这也体现了开放式创新平台建设需要与创新主体紧密结合。一般来说,长尾理论指只要产品的存储和流通的渠道足够宽广,需求不旺或销量不佳的产品所共同占据的市场份额可以和那些少数热销产品所占据的市场份额相匹敌甚至更大,即众多小市场汇聚可产生与主流相匹敌的市场能量。由长尾理论在开放式创新模式中的应用可发现,开放式创新平台为大量企业提供了尾部创新资源。首先,作为长尾理论的提出者,安德森为自己企业建设了开放式创新平台,这也是充分利用尾部创新资源的典型;其次,开放式创新平台可以为不同行业、不同背景的企业提供资源服务依托;最后,由于大型企业有相对中小型企业更为前沿的专家学者与研发部门,可以更好地利用尾部资源。

除众研网外,海尔、美的等都是依托企业自建开放式创新平台的典型,而这种企业自建的开放式创新平台的优点在于:

(1) 依托发展较好的大型企业,具备较强的行业影响力,能够快速整合大量优势研发资源,又好又快地建设平台,节省平台建设、运行、推广的时间和成本;

(2) 大型企业在行业内的权威性保障了对知识产权、标准和隐私的保护；

（3）一般来说，依托的大型企业会聚焦于某一专业的产业领域，有利于整合行业内资源。

"我们橡胶谷在为行业服务的过程中发现，国内科技服务还存在不少问题"，青岛橡胶谷生产力促进中心有限公司副总经理唐国胜说，目前在国内，因为体制和考核体系不同，高校、科研机构、企业与政府对科研创新的衡量标准不统一，导致众多发明无用，众多发明成果无法产业化，实际上是浪费了大量的科研经费。同时科技资源的不均衡性也尤为突出，国内大型企业科技资源相对富裕，而使用量不足，而国内中小企业因为体量等原因，养不起技术人员，买不起设备，这种科技资源不均衡性，导致了国内现有的科技资源无法真正助推产业升级，造成重复投资与浪费。科研设备使用率不足、知识产权严重浪费、地方政府缺乏丰富的创新来源，对于科技的供需结构性矛盾亟须一个第三方平台来整合资源，为科研和应用打造一个无界限的桥梁。既能帮助中小型企业获得更多技术支持，推动产业升级，也能充分利用大型企业资源，避免或减少技术投资与浪费。

二、依托专业管理运营团队

第三方开放式创新平台自身也应该注重服务的多样性、专业性和灵活性，可以借鉴国外先进经验，提高研究人员及服务人员的科学素养和综合素质，建立专业的运营管理团队，以提升开放式创新平台专业化程度和运行效率。专业的管理运营团队应具备以下条件：

（1）专业管理运营团队需要具有某一行业领域的专业知识，能帮助求解者分析和解决各种疑难问题，当用户有问题时能够随时提供答疑服务；

（2）专业管理运营团队需要具有使用各种工具的能力，应当能熟练使用各种交互工具、远程工作管理工具、评估工具、数据管理工具等应用系统，为平台的参与者提供奖励、仲裁、知识共享等服务；

（3）专业管理运营团队需要具有公正客观的判断，以保证平台的公正性。

专业管理运营团队需要对求解者的问题难度进行客观评价，同时对解题者的方案进行公平、公正、公开的筛选，以防止抄袭或不严格的方案出现，能够使求解者得到合适答案的同时，为解决者提供相应的酬金等物质、精神上的报酬。

三、开展专业品牌宣传推广

专业品牌宣传与推广既需要依靠现代的网络营销手段，也需要与各种机构相配合，与技术创新人才、高校、科研院所、企业建立广泛的合作关系，直接吸引高科技人才机构的参与。

一方面，第三方开放式创新平台要学会利用自身的互联网优势开展多种网络营销活动，推广平台，树立平台品牌。例如：与相关创新型网站（尤其是客户流量较大的网站）建立链接以吸引更多潜在客户；与相关政府平台和网络进行积极地互动，树立良好品牌形象。同时，也要注意平台的网站内容建设和技术服务水平，良好的客户体验和流程优化对树立平台品牌和形象至关重要，这直接影响网络营销的效果，关系到客户对平台的印象。

另一方面，第三方开放式创新平台的建设理念需要其不断与技术创新人才、高校、科研院所和企业建立广泛的合作关系。通过一些联盟或组织，积极赞助学术活动和学术项目，争取在学术界获得良好的评价，以吸引更多的优秀人才参与创新。开放一直是互联网的重要特点，而众研网也充分秉承了这一互联网精神。众研网作为开放式科技资源对接平台，对注册用户不设限制，企业、高校、科研机构和个人都可以注册发布真实的项目和成果信息，所有项目通过后台审核后，可以对公众进行公开展示，利用互联网技术，为成果所有方与需求方之间、企业与研发机构及个人之间、企业与检测机构之间、企业与资源提供方之间搭建起良好的资源对接平台并支持在线交易。

四、注重知识产权隐私保护

克里斯·安德森曾经提出，中国具备打造全球最强创客产业的所有要素，但开放式创新仍然是缺少的，最重要的原因在于缺乏对硬件、软件和相关知识产权的保护。而注重知识产权和隐私保护需要注意以下几点：

（1）对平台参与者的信息进行验证。需要对求解者和解决者的个人或公司身份、地址、联系方式等信息进行严格认证，这也是保障知识产权和隐私的基础性要求。如今国内很多开放式创新平台如美创、众创意等都没有对解决者的身份进行验证，也导致了知识产权未得到及时有效的保护。

（2）使创意等用户生成信息得到有效合理的保护。特别是在一些保密领域，如果创新内容没有得到有效保护，用户辛辛苦苦生成的创意被其他人剽窃，那么用户创意意愿就会降低，用户持续生产创意的积极性就会大大削弱。因此，用户生成内容需要得到及时有效的保护。

作为世界强国，美国十分注重科技的发展，科学技术被认为是美国经济增长最重要的驱动力。而科技发展的基础在于知识产权能够得到优质的保护，当知识产权获得很高的尊重时，投资者会毫无后顾之忧，能够全力以赴地支持科技的投资。借鉴美国的经验，在中国，也需要对知识产权进行良好的保护，如果不尊重知识产权，投资者就不能放开手投资，即使投资，也不会尽自己最大的能力。

为了扭转技术供需信息不对称的局面,应从既有利于保护知识产权和各类创新主体权益,又有利于保障信息完整充分的角度,探索建立信息安全保障机制,充实、完善专家库和技术供需信息库,建立经济状况、块状经济、政策法规、专利标准,以及企业产品、技术和发展动向等各类数据库、信息库,提高信息的质量和权威性。强化搜索功能,为供求双方提供方便快捷的信息检索、查询等在线服务,为各类创新主体实时提供有针对性的信息配送服务。

五、建立完善奖励体系

第三方开放式创新平台的用户大多具有较强专业知识,同时也有较强的共享意愿,作为技术创新者,这些用户往往具有以下特点:

(1) 希望通过平台的知识交流和分享使自身的科研能力得到提升;

(2) 希望通过平台方或其他用户获得对个人价值的肯定;

(3) 希望通过平台联系到较为大型的企业,使得自己的能力能通过平台让更多公司了解。

因此,平台的奖励体系更需要站在参与者的角度去完善,除了物质奖励以外,也要对参与者在精神上给予奖励和支持,给予参与者更大的发展平台。在满足求解者要求的基础上,平台方应该聘请专业知识水平较高的专家,按照客观公正实事求是的原则,依据标准,对解决者的成果进行审查与辨别,对其科学性、先进性、创造性、可行性和应用前景等进行评价,并做出相应结论。在做出结论之后,需要对优秀的求解者给予合理的精神上和物质上的奖励。

当然,目前平台评价和奖励系统中存在着许多问题,需要完善,这也影响了参与者的积极性,但是,什么不是在发展和进步中不断前进的呢?任何平台甚至事物的壮大,都需要一个循序渐进的过程,一口吃不成一个大胖子，所以开始的发展阶段有问题也是正常的，关键是如何将问题的影响控制住。我们知道，第三方开放式创新平台的奖励机制能很好促进参与者的积极性，这些参与者很多都是专业的科研人员，这些科研人员水平的提高也能为推动国家科技事业的进步和发展与促进创新型国家建设做出强大的贡献。所以，在建设奖励机制上，不能因噎废食，要广泛听取各方的意见，不断对评价和奖励机制进行丰富和完善，使机制能够因地适宜、因事适宜，不被传统的牢笼所困，更加科学严谨，发挥更大的作用。

对于参与企业来讲，需要建立一个合作共赢的平台。参与企业通过支付一定的报酬，能够获得所需的技术和创新知识，从而解决在企业生产实践中遇到的问题。对于企业来说，一次报酬的多少并没有那么重要，如果能获得一个长期有效的合作机会，才能真正地获得长久的生命力。

对于平台开发者而言，大部分开发者都希望能够通过开放平台实现创富的愿望，这个动机是值得鼓励，也是值得重视的。作为平台方，在盈利模式和分成模式方面就应该做些创新和突破，让为该开放平台作出贡献的各方都得到相应的回报。

在盈利模式的选择方面，现在平台比过去有了更多的选择，之前的盈利方式大多在于直接收取服务费，而如今的盈利方式更为多样化，比如在平台上内嵌广告以获得广告商的费用，或者增加一些增值业务，通过这些非传统的业务获得盈利。

在平台方与参与企业的收入分配方面，分成比例是一个很重要的问题，如何分配蛋糕往往比如何将蛋糕做大更麻烦。平台方作为平台的负责者，在开发、运营和维护方面都有时间和金钱的成本投入。而参与的企业则需要投入精力和资源来参与这些创新活动，在活动设计上也会有不少的投入。除此之外，还存在着机会成本，这也是双方都存在的一种成本。因此，确定一个恰当的分配比例是比较困难的，也是非常重要的，如果分配比例不合适，就应该及时进行修改。在保障平台收入的基础上，平台方应尽量多地让利给企业参与方，让他们能够获得想要的收入，以增加对平台的忠诚度和热爱度。平台方可以根据第三方的能力高低、合作紧密程度等因素来设置相应的分成比重。另外，在第三方开放式创新平台上，提供差异化的分成模式将有助于平台吸引更多的企业参与。

六、完善市场运作协调机制

对研究开发经费和第三方开放式创新平台数量的回归分析显示，我国第三方开放式创新平台的增长率会逐渐降低，这就意味着未来第三方开放式创新平台的数量增长将变缓。那么，随着我国研究开发经费投入和GDP总量的不断增加、经济的发展和社会的进步，人们对于创新的重视程度不断提高，各个开放式创新平台之间的竞争将日益激烈。因此，第三方开放式创新平台要想生存发展下去，就需要通过市场化转型来提高竞争优势，以最终实现规模化和可持续发展。

在一定程度上，政府既会对创新增值进行投资，也会对这些机构进行规范化管理。特别是一些重大的创新项目，政府会对之进行投资扶持，使之能够正常地发展，相对应地，第三方开放式创新平台也需要通过政府的投资来获得资金支持。同时，政府也要对平台发展进行规范化管理，使之能够在操作的同时不违法乱纪，降低其他投资者的投资风险，这样才能真正地调动参与者的积极性，保证最终投资利益的实现。

建立一个有效的运作协调机制，首先体现在准入机制上。在企业用户准入阶段，平台方应该筛选掉不符合要求的企业参与者，排除掉不合理的要求；在审查阶段，应该筛选掉不合格的方案。通过对于企业方和问题解决方的合理准入机制，来保障用户利益和平台声誉。

其次体现在响应机制上。当用户在使用平台的过程中发现故障或者有好的建议时，应该存在一个合适的用户反馈渠道，平台应建立良好的响应机制，比如一个反馈的窗口，使平台用户能够及时准确地将自己的想法反馈给平台。而平台方在接收到用户反馈后，会发送到第三方开发者的故障处理列表上，也会反馈到平台方的统一受理平台上，平台方可以及时监督各个解决方案的用户反馈和受理情况。

最后体现在平台优化上。在整个平台功能的优化升级方面，不断调整和优化的技术改进可以改善平台的功能使平台不断顺应时代的发展和社会的进步。

通过上述开放式创新平台的建设实践可见，基于互联网的开放式创新平台尤其是第三方开放式创新平台使得技术创新的边界逐渐模糊，平台可帮助中小企业以更低的成本获得更多的创新资源。未来可以通过加大对大型龙头企业和中小企业的支持力度，搭建服务于中小企业的开放式创新平台。

七、驾驭文化氛围的驱动力

良好的文化氛围是平台的内在驱动力。在第三方开放式创新平台中，平台方需要将平台的理念和文化合理地传达给第三方开发者，以降低后续的沟通运行成本。文化是企业或者组织之间区别的本质特点所在，也是一个优秀的企业能屹立于世界之林的重要资本。企业文化是企业的灵魂，是推动企业不断发展的动力。

以谷歌为例，谷歌文化有着三个根本的元素——使命、透明和发言权，谷歌用自己的文化来确定自己的战略。谷歌的使命可以说是一种道德目标，从人的需要出发，整合全球信息，使人人都能访问并从中受益；透明就是相信员工，和员工分享信息；发言权就是重视员工的需要，让员工说话，让员工参与到企业决策和运营中来。这些其实都围绕着人，以人为中心在人类社会是永恒不变的，谷歌文化在很长一段时间里被大家所熟知并不是因为这个文化表达得多么好，而是在于谷歌在那段时间真的做到了关注人的需要。

而对于开放式平台而言，应具体形成怎样的文化氛围因平台的差异性而异。在开放平台文化氛围的建设方面，平台方最主要的责任是告诉参与者在这里所做的事情是有意义并且有价值的。参与开放式创新平台的各方如果能形成文化上的共识，那么后续的沟通成本会降低很多，即使出现冲突，也会得到较好的解决。

第二节 对中小企业利用第三方开放式创新平台的建议

由于技术问题、创意需求和资本运营实力等方面的不足，国内的中小企业很难成为独立的需求方，没有必要建设单独的开放式创新平台。可以尝试选择以众研网等专业化的中介咨询服务机构为依托，来建立开放式创新平台，但是，此类开放式创新平台在国内也并不多见。基于我国目前科技服务业的现实情况，在企业中拥有足够影响力和号召力并且可以承担统筹行业资源功能的科技服务机构屈指可数。行业咨询服务机构要成为中小企业搭建开放式创新平台的桥梁，还需要进一步提高机构的专业化水平和细分程度，同时也要加大机构自身的开放和共享程度以及信息交流的广度。

自从习近平总书记提出中国经济要适应"新常态"发展后，越来越多的人用这一概念来分析和解释中国经济。"新常态"已成当前最热的经济关键词,这是一种趋势性、不可逆的发展状态,意味着中国经济已进入一个与过去30多年高速增长期不同的新阶段。动态变化的环境和不稳定的技术支持使创新活动开展的难度进一步提升。而中小企业作为当前创新的主体力量,自主创新的难度和压力加大,对于技术、资源以及专业能力的需求也进一步加大。在"新常态"发展的经济背景下,对于中小企业的发展来说,开放式创新模式发挥了不可低估的作用。

一、中小企业在创新方面的问题与局限性

与大型企业的科研能力和创造力相比,我国中小企业在创新方面存在着很多先天不足的局限性,主要表现在:

1. 资金缺乏,研发创新投入不足

目前,我国中小企业的资金来源约有超过三分之二是来自企业所有人的积蓄和向其社交网络中的亲朋好友的借款。与大型企业拥有充足的科研资金相比,由于在创新方面风险较大,一旦研发失败,投入的资金可能付之东流,因此中小企业本来在科研方面的投入就相对较小,而想获得银行支持也相对较难。另外,政府给予的资金支持也远远不够。20世纪90年代以来,中小企业创造的工业新增产值占我国总新增产值的76.6%,而GDP的份额中有50%以上来自于中小企业,但是政府对于中小企业的资金支持仅在30%左右。资金投入量成为限制中小企业科技发展的一大障碍。已有资料显示,在日本,企业科技研发的Touru能占到其市场销售额的10%,但是我国企业的科技研发投入远远不足,仅占销售收入的不到1%。科技型中小企业的发展动力是不断创新,而受限于当前的发展现状,模仿式创新成为其主要的创新方式,这使得企业内部原本就不够完备的研发部门处于持续疲软状态,也让企业在"技术引进—技术落后—技术再引进"的怪圈中无法脱身,从而限制了企业的长久发展。对于中小企业来

说，友善的发展环境和恰当的发展机遇是可遇而不可求的，尤其在其自身收集、处理和保存信息资源的能力不足的情况下，其创新产品很难与当前的市场相融合，降低了企业的创新效率，从而使得科技成果转化率迟迟无法改善。

2. 人才缺乏，自我开发能力较低

由于品牌、规模等方面的限制，相对于较成熟、知名度较高的大型公司来说，中小企业对高级科研人才没有足够的吸引力，因此，没有足够优秀的科研人才，开发新产品新技术的能力就相对较低。同时，因为高端技术人才的缺乏，即使引进新的技术，技术转移方面的问题也比较突出。即使国家也发布了一些政策措施，为中小企业吸引高级人才提供了一些支持和帮助，但是，仍然无法为中小企业吸引足够的人才，人才缺乏的问题仍然很难解决。因此，中小企业的创新资源相对较薄弱，受到企业内外的各方面因素影响，面对日益严格的挑战与越来越激烈的竞争，中小企业没有足够的实力去面对这么高成本的创新竞赛，因此中小企业在创新上很不占优势，也越来越难以适应市场快速变化的需求。

3. 信息不灵，技术创新风险较高

随着时代的进步，人们生活层次逐渐提高，物质文化生活日益丰富，用户需求也发生着快速的变化。新技术、新产品越来越快地出现在大众面前，用户选择也越来越多，如何获取用户喜好成为企业的研究重点。但是，因为中小企业规模较小，投入较少，在采集用户信息、分析用户想法与获得营销趋势等方面常常由于技术不足的问题导致心有余而力不足。如果无法准确及时地获得市场的大方向，即使研发出科技含量较高的产品，也无法在市场中全面流行开来，新产品即使投入市场也无法很好地适应市场的需求，这样既投入了大量的科研经费，却无法获得足够的收益，就为企业带来了很多资源上的浪费。而与大型公司相比，中小型公司的资金少，技术也不够成熟，因此在新产品可靠性方面可能会出现很多问题，在激烈的市场竞争中并不占优势，这也影响了企业的创新积极性。

4. 缺乏保护，法律法规有待完善

知识产权，也称为"知识所属权"，指"权利人对其智力劳动所创作的成果和经营活动中的标记、信誉所依法享有的专有权利"，一般只在有限时间内有效。根据斯坦福大学法学院 Mark Lemley 教授的研究结论，广泛使用"知识产权"这一术语是在 1967 年世界知识产权组织成立后开始的。

知识产权涉及人们智力劳动的成果，与有形的商品有不同的属性，也很难具象化。因此，如何合理有效地保护知识产权也是一个巨大的难题。我国是 20 世纪 80 年代起才开始对知识产权进行关注的，对相关法律和法规进行了调整，虽然这些年对知识产权的保护有所增加，但是相对欧美发达国家而言，我国的知识产权相对保护力度仍然不够，主要与民众对于知识产权的法律意识不强有关。

另外，知识产权保护的问题也与企业自身相关。由于申请专利的过程相对较复杂，而且成本较高，而且在知识产权保护期到期后，这些创意又会暴露于大众面前。因此很多中小企业的创新即使产生成果，也会采取保密等方式来保护，避免发生各种关于产权纠纷的问题后会产生的诸如巨额诉讼费等各种额外的支出。最终，当中小型企业在面临知识产权受到侵害时也不具备相应的能力来获得法律保护。

5. 观念落后，科技创新需要开放

前一阶段，我国中小型企业集中于劳动密集型企业，中小企业的快速发展主要依赖于成本优势。然而，随着社会的进步与经济的发展，我国的廉价劳动力优势便显得不那么突出，甚至会逐渐消失。如果只想简单依靠购买、引进其他成熟的产品技术，没有自主知识产权，没有自主品牌，那么企业就会没有新的增长点,没有在复杂世界中争取利润的竞争力,企业原有的利润空间也会逐步缩小,无法实现更大发展。因此,企业的创新模式正在发生变化,逐渐从传统的封闭式模式向网络时代的开放式模式转变。在这种环境下,如果中小企业只是一味地靠自己的单打独斗去积累资源,而不是用开放的方式去扩展资源的渠道、吸收更加广泛的创新力量,那其创新活动很难有持久性的进展。同时,面临经济全球化和经济社会的复杂变化,科技型中小企业的竞争压力不断增大,要想在激烈的角逐中脱颖而出,中小企业的创新模式必须要有一个新方向上的突破。因此,如果中小企业希望提高自身活力和创造力,需要一些外部创新支持的话,第三方开放式创新平台便是一个很好的选择。第三方开放式创新平台能够集合创新人才与创新技术,为中小企业提供创新源泉。

二、中小企业利用开放式创新平台的实施策略

1. 开放思维意识

开放式创新平台是一种工具,一种实现公司价值的平台,因此要想利用开放式创新平台,首先要做的就是要拥有开放式思维,要有一种开放的意识。而要形成开放式思维,科技型中小企业必须首先从创新观念上进行转变,必须意识到在当前互联互通的环境中,创新资源和创新思想仅靠企业内部的力量是行不通的,创新的火花需要更多人的思维碰撞,而企业获得创新能力,取得更大成功的重要核心能力就是能够有一双慧眼,可以识别企业外部的优秀资源,并将其逐步内化,使更多的思想汇入企业内部,让企业的创新资源更加的丰富,让企业的创新突破行业边界和时空界限,从而促使企业的决策重心转向科技成果商业化的形式和创新源的选择。

在企业内部,根据企业自身的经营管理情况以及关系企业发展的各个方面存在的问题,挖掘符合企业发展的创新需求;在企业外部,中小企业

要将目光实时地关注到与企业发展相关的各个领域,探索发现有利的创新机会并恰当地引入各类可以利用的创新资源。意识是开放改革之本,是实施创新之源。第三方开放式创新平台为中小企业的创新提供了更多的思路,正确利用第三方开放式创新平台,能帮助中小企业获得更多创新思路。

2. 提升创新能力

在中小企业利用开放式平台的过程中,会出现很多新事物,而积极学习,提升自身的创新能力,能够更好地适应平台的发展和社会的进步。开放的创新环境对中小企业自身的学习能力,尤其是技术学习能力,提出了更高的要求。技术能力是中小型企业最重要的核心能力之一,企业的绩效也离不开企业的创新技术能力。目前,我国很多中小企业的技术能力确实差强人意,企业要想在当前的创新竞争中抢占持续发展的生存空间,就必须改变这种技术劣势的局限。并且,如果长期缺乏技术支撑,企业的创新活动也很难取得长久的进展。因此,在开放式创新环境中开拓更多新的学习渠道,通过多种途径培养起自己的技术人才队伍,尤其是逐步积累企业吸取外部知识源、与外部创新主体合作的知识和经验,是企业当前的实现创新突破的重要举措。

3. 完善创新平台生态圈

中小企业通过使用第三方开放式创新平台,搭建起融合平台思维和开放式创新模式的平台生态圈,从而使多方群体可以有机地黏合在一起,为多边的互动提供了一个可利用的平台,使企业可以方便地吸收外部创新资源,使企业的创新周期、创新成本以及创新风险进一步缩小。从企业自身的发展情况出发,将企业的创新力从企业内部逐步向外部推移,使企业创新服务的重点转向顾客的引导和外部创新知识源的识别与利用。另外,企业想要有源源不断的创新知识输入,需要从战略、团队、文化等层面出发，深入到具体的奖励机制上，从而为企业的创新制定完善的保障机制。

第三节 对政府管理第三方开放式创新平台的建议

改革开放以来，随着经济的发展和社会的进步，创新科技不断发展，全球化程度逐渐提高，第三方开放式创新平台的发展空间也越来越大。但需要注意的是，第三方开放式创新平台从建立到发挥积极作用是一个社会配套、自身完善的过程，不能一蹴而就。世界各国（地区）的第三方开放式创新平台的出现与发展有很大差异，主要取决于各国（地区）经济发展模式与发展水平等因素。

美欧日等高度发达的资本主义国家，政治、经济、文化、创新、军事等水平在全球处于领先地位，拥有极高的高等教育水平和科技研发水平，为第三方开创式创新平台提供了良好的发展条件。当然，其巨大的科研经费投入、丰富的科研成果和众多的研究型高校企业等，也是第三方开放式创新平台发展不可或缺的重要因素。

科技综合实力由多方面组成，既包括 R&D 能力、将先进技术转化为现实生产力的能力、应用开发与工程化能力，也包括对科技发展有重大影响的科技政策与科技战略。第三方开放式创新平台能有效降低创新创业风险，并加速科技成果产业化的进程。正是由于和技术创新的不可分割的联系，第三方开放式创新平台的业务内容、服务质量和发展趋势将极大地受制于其所处发展环境的科技综合实力与水平状况。

西方许多发达国家大力发展第三方开放式创新平台，它们的做法有许多共同点：政府引领，通过立法、体制导向，切实将科研机构和企业的技术创新作为关注重点；科技中介服务机构将技术成果与市场密切联系起来，搭建起政府与创新主体的沟通桥梁。在法制方面，成立专门机构促进科技成果的转移和转化，并通过相关法律来消除大学和联邦实验室向私营企业技术转移的阻碍。

针对第三方开放式创新机构，发达国家有着十分完善的法律和法规体系，对于营利和非营利的界定极为严格。而根据创新机构性质的不同，相对应的政策也有所差异。这些法律法规保证了第三方开放式创新服务能按照市场经济规律规范化、科学化高效运作，有效推动了技术成果的转化，提高了其服务质量和水平。政府在促进国家及民间非营利科技中介机构的发展方面做了很多工作，发挥着十分重要的作用。

在我国，有关创新的法律法规和相关策略并不完善，知识创新体系的科技成熟度较低。政府需要发挥作用，支持和促进第三方开放式创新平台的发展与完善。

一、转变政府职能，完善组织体系

过去政府主导建立了一些第三方开放式创新服务机构。这些机构普遍功能单一，效率低下。由于政府与市场的边界没有厘清，前几年推行的企业化改革极少有成功的。技术转移是市场行为，但又同时具有准公共服务的属性。政府在不能越位代替市场的同时，也不能缺位忽视市场的缺陷。就现在情况而言，政府必须调整自身定位，从举办和管理技术转移服务机构转变为向技术转移机构购买服务。在购买服务的过程中，技术转移中具有准公共属性的服务得到财政资金的支持，企业风险也因此减少，其结果是一批市场化运作的技术转移服务组织将被建立，充满生机活力的技术转移服务体系也将逐步成形。

政府是第三方开放式创新平台的管理者,在市场化背景下,政府的角色应该是协调者、引导者和监督者,不去直接干预第三方开放式创新平台的运行。我国当前发展第三方开放式创新平台的重要前提是政府转变职能。我国政府当前紧要任务是完成自身角色和职能的转变,从政府的职能中剥离应该由第三方开放式创新平台发挥作用的服务功能,同时在第三方开放式创新平台的发展中履行政策扶持、规划引导和制度规范的职能。

首先,政府要综合运用多种方式,比如通过财政、税收和金融等手段,积极鼓励和引导企业、公民或其他经济组织参与到官办第三方开放式创新平台的建设与发展中;其次,建立多种所有制形式、多种功能的第三方开放式创新平台"市场化"发展的新模式。参照科技型中小企业的优惠和鼓励政策,在支持民营化的第三方开放式创新平台发展的同时,引入产权激励机制,促进人力资本产权化,鼓励和推动科研院所、高等院校为第三方开放式创新平台注入更多的优质资源。市场的作用自然是不可缺少的,但政府也应该发挥其"看得见的手"的作用,及时合理地建设科学有效的体系来支持和保障政策的实施,帮助第三方开放式创新平台的科技成果能及时地进入市场内进行竞争,组织和完善系统的发展。

在发展的初期,第三方开放式创新平台提供的很多服务,特别是创新链的后期阶段都是在线下完成的,线上完成的只是创新链最初的一小部分。但是随着互联网的不断发展和整体竞争的全价值链化,平台应该为企业提供更多更清晰合理的服务,提供整个价值链的服务。随着业务的进一步细化,可能会需要各平台的整合操作,这时就需要政府的相关部门来协调、组织和整合这种全价值链业务的操作。

二、保障政策环境,健全法规体系

规范第三方开放式创新平台的前提是营造良好的法规政策环境,实现政府行为规范化政策法规体系的建立。政府应该将重心由微观具体事务的管理，转向环境与机制的建设与督导，及时出台有利于营造第三方开放式创新平台发展的法律、法规、政策环境。通过对国外成功经验与国内成功范例的借鉴，适应机构改制对现有人才和资源进行优化配置，构建一个统一完善的组织管理体系，规范、促进相关平台的成长。积极引导发展行业体系中第三方开放式创新平台及其配套机构，最终形成一个较完善的提供高效率、高质量的第三方开放式创新平台服务的第三方开放式创新平台服务体系，促进中小企业发展，实现对传统产业升级改造，促进新兴产业平衡与快速发展。

在对第三方开放式创新平台进行经费投资时，要对经费去向加大监管力度，避免经费去向不明的情况，减少腐败现象的发生，加大责任追究处罚力度。另外，政府要有意识地引导第三方开放式创新平台的发展，要以国际一流平台为参考，向世界一流水平进发，参照国际信用机构成员的标准来提高对平台的要求。此外，还应该出台有关诚信监管的政策，对第三方开放式创新平台的业务过程进行合理约束和激励。

要建立相关的政策法规法律体系，明确第三方开放式创新平台的相关权利和义务，确定清晰的行为规范，制定合理的管理体制，明确第三方开放式创新平台与政府的相互关系，使得法律能够进行严格监管，对第三方开放式创新平台进行明确定位，为形成一个良好的第三方开放式创新平台竞争环境保驾护航。另外，要从多方面多渠道保护知识产权，为第三方开放式创新平台的发展提供规范、有效的体系。

三、构建网络平台，增强服务能力

网络和数据库发挥着第三方开放式创新平台之间、第三方开放式创新平台与政府之间、科技供需方之间的信息交流平台的作用，是第三方开放式创新服务的根本，也是我国第三方开放式创新服务体系建设中的薄弱环节。建设网络数据库平台存在涉及面广、投入力度大等问题，因此，只能由政府挑起这一重任，加大投入打造第三方开放式创新平台资源共享体系。另外，政府要加强规范信息网络技术市场的竞争秩序，完善和建立统一开放、公平竞争、规范有序的信息网络市场体系，使得信息网络技术市场能够健康发展。

互联网的出现和发展为很多不可能带来了希望，节省了大量时间、空间上的成本，对提高科技转化的效率产生了巨大的作用。所以，第三方开放式创新平台在发展线下业务的同时，也应该顺应科技发展的潮流，更多地利用线上平台。现在的第三方开放式创新平台虽然是线上的平台，但是很多业务仍然是在线下完成的，因此需要提供更专业化的网络服务平台，以便于平台用户将自己的想法和理念及时与平台方进行沟通，减少参与双方之间的摩擦，建立更加稳定的客户关系。

对第三方开放式创新平台而言，注重服务模式的专业性、灵活性和多样性是很重要的。在借鉴国外先进第三方开放式创新平台的经验的同时，应该及时调整服务的内容和方式，从而不断增强自己的业务能力。对政府而言，使用合适的网络平台来增强服务能力也是很重要的。

四、加强人才建设，实现人才专化

作为一种比较新兴的服务模式，第三方开放式创新平台的服务是一种依赖于专业人才素质的服务。国外典型的第三方开放式创新平台都聚集了大量的专家学者作为后备部队，能够为解决求解方的相关问题提出合理的方案。但是目前我国的第三方开放式创新平台仍普遍缺乏大量人才。在学习国外经验的同时，也应该结合我国国情，建立适应我国发展情况的开放式创新平台人员培训系统。

第三方开放式创新平台在我国的发展离不开人才的发展。一方面,高校有大量的人才作为人力资源的支撑,为国家的科技创新体系提供人才储备,推动了科技的发展和社会的进步,因此,要充分发挥高校人才培养在平台建设中的作用。另一方面,需要建立一个科学合理的人才评价机制,这样才能发挥人才的积极性,发挥人才的最大作用,不埋没专业人才,减少人才怀才不遇的情况。

建立人才指标评价机制,需要首先确定一个标准的人才评价指标体系。人才评价首先看的还是业务绩效,但是诸如道德、品质等其他方面也不能缺少;针对不同行业、不同职务的不同要求,要定制不同的人才评价项目;针对不同类别的人才,需要建立完善系统的人才评价框架,只有在标准统一的人才鉴别标准下,专业人才的选拔才能是公平公正的,这对专业化人才的培养有重大的作用。

在专业人才队伍建设上,要尽可能多渠道地面向社会吸引高层次人才,彻底改变我国第三方开放式创新平台的主要领导和管理人员由政府任命的问题。在人才激励机制建设中,第三方开放式创新平台要在市场创业中发挥其特殊作用,允许人力资本、智力成果资本作为资本物化形式,并作为资本形式之一进入到分配环节,对各类紧缺的人才培训给予资助等。加大投入探索各种方法调动科技中介人员的积极性和创造性,为科技中介人员的发展营造良好的创新氛围。

五、增加资金支持,设立专项基金

很多项目都是由于没有足够的资金而中途流产,因此足够的资金支持对于第三方开放式创新平台的开展还是很重要的。在很多发达国家中,都会有政府专门设置的扶持资金和社会建立的投资基金,以及完善的投资融资体制,在利益分配层次上也有专门的设置。政府投入的资金主要用于全局性的大型项目，而社会的投资资金大多用于具有市场前景的项目。借鉴这些优秀经验，我国的第三方开放式创新平台的发展不仅需要社会上的投资项目，也需要国家的资金扶持。同时，在平台运行的过程中也需要强化管理，这样才能保障资金的合理配置。

加大金融政策扶持力度，拓宽第三方开放式创新平台的融资渠道。一方面要夯实信用基础，实现金融生态环境的改善。要扩大信用中介服务市场对外开放，加强境内与境外信用中介服务业的交流与合作，通过提高信用中介服务市场开放水平实现第三方开放式创新平台金融生态环境的改善。另一方面要建立和完善多层次的资本市场体系，拓展直接融资，加强风险投资和创业板市场建设，从根本上解决融资难的问题。地方政府要完善第三方开放式创新平台贷款的担保机制建设，建立专门为第三方开放式创新平台提供担保的公司，或者由企业集资联合建立商业性的担保公司，为有需求的第三方开放式创新平台提供系统性担保，并架起政府、银行和第三方开放式创新平台之间融资关系的桥梁。政府主导和建立信用评价机构，改善第三方开放式创新平台和金融机构之间的关系。

六、建立专业中介，完善管理机构

要发展专业的第三方开放式创新平台，建立专业的科技中介是很有必要的，因为它能够帮助企业提高管理的效率，为企业创新提供多样化的科技服务。建立专业化科技中介机构可以采用包括科技咨询和评估机构、技术交易机构、科技企业孵化器、创业投资服务机构、创新审计机构、创新认证机构等在内的诸多形式。

当前，我国第三方开放式创新平台发展中一个比较大的问题是经验不足，因此，在平台发展的时候要尽量向国外经验丰富的平台学习。为第三方开放式创新平台提供解决方案的经营主体可以是包括政府、企业、大学等在内的所有研究机构；其规模要根据实际情况确定，工作内容极具专业性，往往需要具有技术、营销、法律专长和良好产业关系的人组成团队才能完成。另外，盈利是第三方开放式创新平台建立时所必须考虑的问题。扶持社会组织，建设专业化、社会化、网络化和规范化的科技成果市场转化中介服务体系，形成科技成果的政府监管、市场配置与社会服务三方合力的基本格局。

另外，要完成科技方面的任务，需要专业化的相关服务，因此需要有专业的与科技服务相关的协会，这种协会要在汇聚资源、规范行为、建立标准、监督管理和打造品牌等方面发挥重要的作用。专业化科技服务协会需要以市场为主导，建立标准化的规章制度、服务流程及评价考核的制度。比如，建立操作性强的审计服务流程：①确定明确的审计目标（结合客户的要求）；②制定完备的审计过程；③确定审计内容；④形成规范化的审计方法；⑤提供全面综合的审计报告。

参考文献

[1] Chesbrough H, Brunswicker S. A Fad or a Phenomenon?: The Adoption of Open Innovation Practices in Large Firms [J]. Research – Technology Management, 2014, 57 (2): 16 – 25.

[2] 唐方成, 仝允桓. 经济全球化背景下的开放式创新与企业的知识产权保护 [J]. 中国软科学, 2007 (6): 58 – 62.

[3] 郑小平, 刘立京, 蒋美英. 企业开放式创新理论的研究述评 [J]. 中国科技论坛, 2007 (6): 40 – 44.

[4] 龚敏卿, 肖岳峰. 开放式创新研究述评 [J]. 科技管理研究, 2011, 31 (8): 12 – 15.

[5] 余德忠, 张根保, 丁志华, 侯智. 面向技术创新过程的产品创新项目综合评价的分析和研究 [J]. 机床与液压, 2004 (1): 85 – 86.

[6] 桑辉, 盛亚. 技术创新审计问题研究 [J]. 科学学与科学技术管理, 2002, 23 (5): 20 – 22.

[7] Fichter K. Innovation Communities: The Role of Networks of Promotors in Open Innovation [J]. R & D Management, 2009, 39 (4): 357 – 371.

[8] Di Gangi P M, Wasko M. Steal My Idea! Organizational Adoption of

User Innovations from a User Innovation Community: A Case Study of Dell IdeaStorm [J]. Decision Support Systems, 2009, 48 (1): 303 – 312.

[9] Schröder A, Hölzle K. Virtual Communities for Innovation: Influence Factors and Impact on Company Innovation [J]. Creativity & Innovation Management, 2010, 19 (3): 257 – 268.

[10] Battistella C, Nonino F. Open Innovation Web – based Platforms: The Impact of Different forms of Motivation on Collaboration [J]. Innovation: Management, Policy & Practice, 2012, 14 (4): 557 – 575.

[11] Hallerstede S H. Managing the lifecycle of open innovation platforms [M]. New York: Springer Science & Business Media, 2013.

[12] 刘志迎,陈青祥,徐毅. 众创的概念模型及其理论解析 [J]. 科学学与科学技术管理, 2015 (2): 52 – 61.

[13] 宋刚,张楠. 创新 2.0:知识社会环境下的创新民主化 [J]. 中国软科学, 2009 (10): 140 – 143.

[14] 赵夫增,丁雪伟. 基于互联网平台的大众协作创新研究 [J]. 中国软科学, 2009 (5): 63 – 72.

[15] Howe J C. Crowdsourcing: How the Power of the Crowd is Driving the Future of Business [M]. New York: Crown Business, Random House, 2008.

[16] Pénin J, Burger – Helmchen T. Crowdsourcing of Inventive Activities: Definition and Limits [J]. International Journal of Innovation & Sustainable Development, 2011, 5 (2/3): 246 – 263.

[17] 夏恩君,赵轩维,李森. 国外众包研究现状和趋势 [J]. 技术经济, 2015, 34 (1): 28 – 36.

[18] 刘友金,胡黎明,赵瑞霞. 创意产业理论的兴起与发展——纪

念创意产业概念兴起十周年（1998—2008）[J]. 经济学动态, 2008 (12): 95 - 99.

[19] Lee F S L, Vogel D, Limayem M. Virtual Community Informatics: A Review and Research Agenda [J]. Jitta Journal of Information Technology Theory & Application, 2003, 5 (1): 47 - 61.

[20] 邓运. 虚拟社区用户后继参与行为以及持续参与行为的研究 [D]. 华中科技大学, 2013.

[21] Schubert P, Ginsburg M. Virtual Communities of Transaction: The Role of Personalization in Electronic Commerce [J]. Electronic Markets, 2010, 10 (1): 45 - 55.

[22] 王毅, 王兴元. 广义品牌社区的形成与演进及其对企业管理策略的启示 [J]. 上海经济研究, 2009 (2): 125 - 131.

[23] Gassmann O, Enkel E, Chesbrough H. The Future of Open Innovation [J]. R & D Management, 2010, 40 (3): 213 - 221.

[24] Leimeister J M, Huber M, Bretschneider U, et al. Leveraging Crowdsourcing: Activation - supporting Components for IT - based Ideas Competition [J]. Journal of Management Information Systems, 2009, 26 (1): 197 - 224.

[25] Kaufmann N, Schulze T, Veit D. More than Fun and Money: Worker Motivation in Crowdsourcing—A Study on Mechanical Turk [C]. Proceedings of the AMCIS, Detroit, Michigan, 2011: 1 - 11.

[26] Brabham D C. The Myth of Amateur Crowds: A Critical Discourse Analysis of Crowdsourcing Coverage [J]. Information, Communication & Society, 2012, 15 (3): 394 - 410.

[27] Le Q, Panchal J H. Modeling the Effect of Product Architecture on

Mass‐Collaborative Processes [J]. Journal of Computing & Information Science in Engineering, 2009, 11 (1): (011003) 011001‐011012.

[28] West J, Gallagher S. Challenges of Open Innovation: The Paradox of Firm Investment in Open‐source Software [J]. R & D Management, 2010, 36 (3): 319‐331.

[29] West J, Bogers M. Leveraging External Sources of Innovation: A Review of Research on Open Innovation† [J]. Social Science Electronic Publishing, 2014, 31 (4): 814‐831.

[30] Blohm I, Bretschneider U, Leimeister J M, Krcmar H. Does Collaboration among Participants Lead to Better Ideas in IT‐Based Idea Competitions? An Empirical Investigation [J]. International Journal of Networking & Virtual Organisations, 2010, 9 (2): 106‐122.

[31] Boudreau K J, Lacetera N, Lakhani K R. Incentives and Problem Uncertainty in Innovation Contests: An Empirical Analysis [J]. Management Science, 2011, 57 (5): 843‐863.

[32] Lüttgens D, Pollok P, Antons D, Piller F. Wisdom of the Crowd and Capabilities of a Few: Internal Success Factors of Crowdsourcing for Innovation [J]. Journal of Business Economics, 2014, 84 (3): 339‐374.

[33] 秦敏. 企业开放式创新社区研究探索与展望 [J]. 江西师范大学学报（哲学社会科学版），2014（5）: 21‐26.

[34] 秦敏，乔晗，陈良煌. 基于CAS理论的企业开放式创新社区在线用户贡献行为研究：以国内知名企业社区为例 [J]. 管理评论，2015，27 (1): 126‐137.

[35] 秦敏，梁溯. 在线产品创新社区用户识别机制与用户贡献行为研究：基于亲社会行为理论视角 [J]. 南开管理评论，2017，20 (3): 28‐39.

[36] Frey K, Lüthje C, Haag S. Whom Should Firms Attract to Open Innovation Platforms? The Role of Knowledge Diversity and Motivation [J]. Long Range Planning, 2011, 44 (5): 397 – 420.

[37] Jeppesen L B, Laursen K. The Role of Lead Users in Knowledge Sharing [J]. Research Policy, 2009, 38 (10): 1582 – 1589.

[38] Chau M, Xu J. Business Intelligence in Blogs: Understanding Consumer Interactions and Communities [J]. Mis Quarterly, 2012, 36 (4): 1189 – 1216.

[39] Verona G, Prandelli E, Sawhney M. Innovation and Virtual Environments: Towards Virtual Knowledge Brokers [J]. Organization Studies, 2006, 27 (6): 765 – 788.

[40] Standing C, Kiniti S. How can Organizations Use Wikis for Innovation? [J]. Technovation, 2011, 31 (7): 287 – 295.

[41] Barczak G, Sultan F, Hultink E J. Determinants of IT Usage and New Product Performance [J]. Journal of Product Innovation Management, 2010, 24 (6): 600 – 613.

[42] Ren Y, Harper F M, Drenner S, Terveen L, Kiesler S, Riedl J, Kraut R E. Building Member Attachment in Online Communities: Applying Theories of Group Identity and Interpersonal Bonds [J]. Mis Quarterly, 2011, 36 (3): 841 – 864.

[43] Balka K, Raasch C, Herstatt C. The Effect of Selective Openness on Value Creation in User Innovation Communities [J]. Journal of Product Innovation Management, 2014, 31 (2): 392 – 407.

[44] Levine S, Prietula M. Open Collaboration for Innovation: Principles and Performance [J]. Social Science Electronic Publishing, 2014, 25 (5):

1414-1433.

[45] 王莉,李娟. 网络环境和传统环境下产品开发中客户参与方式的比较分析 [J]. 上海管理科学,2014,36 (5):38-44.

[46] 方澜,王莉. 虚拟客户参与平台的构建——以 GE Plastics 公司为例 [J]. 科技管理研究,2009,29 (4):149-151.

[47] 王莉,方澜,罗瑾琏. 顾客知识、创造力和创新行为的关系研究——基于产品创新过程的实证分析 [J]. 科学学研究,2011,29 (5):777-784.

[48] 王莉,任浩. 虚拟创新社区中消费者互动和群体创造力——知识共享的中介作用研究 [J]. 科学学研究,2013,31 (5):702-710.

[49] 夏昊翔,于辉,张祖俭,宣照国. 在线科技合作社区的一个计算机支持系统 [J]. 科研管理,2012,33 (7):146-152.

[50] Alexander A T, Martin D P. Intermediaries for Open Innovation: A Competence - based Comparison of Knowledge Transfer Offices Practices [J]. Technological Forecasting & Social Change, 2013, 80 (1):38-49.

[51] Hossain M. Performance and Potential of Open Innovation Intermediaries [J]. Procedia - Social and Behavioral Sciences, 2012, 58 (7):754-764.

[52] Holzmann T, Sailer K, Katzy B R. Matchmaking as Multi - sided Market for Open Innovation [J]. Technology Analysis & Strategic Management, 2014, 26 (6):601-615.

[53] Lichtenthaler U. The Collaboration of Innovation Intermediaries and Manufacturing Firms in the Markets for Technology [J]. Journal of Product Innovation Management, 2013, 30 (S1):142-158.

[54] Billington C, Davidson R. Leveraging Open Innovation Using Intermediary Networks [J]. Production & Operations Management, 2013, 22 (6):

1464-1477.

[55] West J, Lakhani K R. Getting Clear About Communities in Open Innovation [J]. Industry & Innovation, 2008, 15 (2): 223-231.

[56] von Hipple E. Democratizing Innovation [M]. Cambridge: MIT Press, 2005.

[57] Felin T, Zenger T R. Closed or Open Innovation? Problem Solving and the Governance Choice [J]. Research Policy, 2014, 43 (5): 914-925.

[58] Veithen A, Amyere M, Van D S P, Cupers P, Courtoy P J. Towards an Information Systems Perspective and Research Agenda on Crowdsourcing for Innovation [J]. Journal of Strategic Information Systems, 2013, 22 (4): 257-268.

[59] 李奕莹, 戚桂杰. 创新价值链视角下企业开放式创新社区管理的系统动力学研究 [J]. 商业经济与管理, 2017, 37 (6): 60-70.

[60] 梁乙凯, 戚桂杰, 周蕊. 开放式创新平台组织采纳关键因素研究 [J]. 科技进步与对策, 2017, 34 (6): 1-6.

[61] Saebi T, Foss N J. Business Models for Open Innovation: Matching Heterogeneous Open Innovation Strategies with Business Model Dimensions [J]. European Management Journal, 2015, 33 (3): 201-213.

[62] 倪迅. 创新驱动难在哪? [N]. 光明日报, 2013-06-21.

[63] 戚湧, 朱婷婷, 郭逸. 科技成果市场转化模式与效率评价研究 [J]. 中国软科学, 2015 (6): 184-192.

[64] 陈套, 冯锋. 中国科学院成果转化与技术转移机构运作模式研究 [J]. 科学管理研究, 2014 (4): 44-47.

[65] 汪良兵, 洪进, 赵定涛. 中国技术转移体系的演化状态及协同机制研究 [J]. 科研管理, 2014, 35 (5): 1-8.

［66］Hofstede G. Culture's Consequences: Comparing Values, Behaviors, Institutions and Organizations across Nations［M］. Sage Publications, 2003.

［67］Goodhue D L, Thompson R L. Task-Technology Fit and Individual Performance［J］. Mis Quarterly, 1995, 19（2）: 213-236.

［68］Zigurs I, Buckland B K. A Theory of Task/Technology Fit and Group Support Systems Effectiveness［J］. MIS Quarterly, 1998: 313-334.

［69］Doney P M, Cannon J P. An Examination of the Nature of Trust in Buyer-seller Relationships［J］. Journal of Marketing, 1997, 61（2）: 35-51.

［70］Rindfleisch A. Organizational Trust and Interfirm Cooperation: An Examination of Horizontal versus Vertical Alliances［J］. Marketing Letters, 2000, 11（1）: 81-95.

［71］范海霞. 杭州市开放式创新平台构建研究［D］. 浙江工业大学, 2013.

［72］巩玉洁. 银行业微信公众平台的运营现状及策略［D］. 内蒙古大学, 2017.

［73］黄兰芳, 谢惠芳. 广东科技创新平台现代运行机制的问题与对策研究［J］. 广东科技, 2012（4）: 93-95.

［74］彭胜君. 开放平台第三方开发者的管理策略［J］. 信息网络, 2010（6）: 15-20.

［75］马琳, 宋俊德, 宋美娜. 开放平台: 运营模式与技术架构研究综述［J］. 电信科学, 2012, 28（6）: 125-140.

［76］赵筱媛. 国外软件集簇发展中典型科技中介机构的服务模式评述［J］. 中国科技论坛, 2008（5）: 136-140.

[77] 王方. "互联网+"下开放式创新平台建设实践——中小企业视角的研究 [J]. 科技进步与对策, 2016, 33 (15): 15-21.

[78] Zaheer S, Zaheer A. Trust Across Borders [J]. Journal of International Business Studies, 2006, 37 (1): 21-29.

[79] 孙国强, 于燕琴, 吉迎东. 技术权力、组织间信任影响领导行为的跨案例研究——核心企业心理定位视角 [J]. 科技进步与对策, 2017, 34 (4): 90-96.

[80] 朱永跃, 顾国庆. 基于协同创新的校企合作信任关系研究 [J]. 科技进步与对策, 2013, 30 (19): 96-99.

[81] 谭云清, 刘志刚, 李元旭. 国际服务外包企业间信任对合作的影响 [J]. 工业工程与管理, 2011, 16 (3): 99-105.

[82] Zucker L G. Production of Trust: Institutional Sources of Economic Structure, 1840-1920 [J]. Research in Organizational Behavior, 1986, 8 (2): 53-111.

[83] Mayer R C, Davis J H, Schoorman F D. An Integrative Model of Organizational Trust [J]. Academy of Management Review, 1995, 20 (3): 709-734.

[84] 夏维力, 李晓歌. 校企合作创新网络信任与知识转移的演化关系研究 [J]. 软科学, 2015 (1): 53-59.

[85] Fetterhoff T J, Voelkel D. Managing Open Innovation in Biotechnology [J]. Research Technology Management, 2006, 49 (3): 14-18.

[86] 李东红, 李蕾. 组织间信任理论研究回顾与展望 [J]. 经济管理, 2009 (4): 173-177.

[87] Wilkinson I F. A Case Study of the Development of Trust in a Business Relation: Implications for a Dynamic Theory of Trust [J]. jbm – Journal

of Business Market Management, 2014, 7 (1): 254 – 279.

[88] Sirmon D G, Hitt M A, Ireland R D, Gilbert B A. Resource Orchestration to Create Competitive Advantage: Breadth, Depth, and Life Cycle Effects [J]. Social Science Electronic Publishing, 2011, 37 (5): 1390 – 1412.

[89] Chesbrough H W. Open Innovation: The New Imperative for Creating and Profiting from Technology [M]. Boston: Harvard Business Press, 2003.

[90] 陈劲, 陈钰芬. 开放创新体系与企业技术创新资源配置 [J]. 科研管理, 2006, 27 (3): 1 – 8.

[91] Howells J. Intermediation and the Role of Intermediaries in Innovation [J]. Research Policy, 2006, 35 (5): 715 – 728.

[92] Lopez – Vega H, Vanhaverbeke W. Connecting Open and Closed Innovation Markets: A Typology of Intermediaries [C]. Proceedings of the Mpra Paper No 27017, München: Munich Personal RePEc Archive, 2009.

[93] Zynga A M. Broadcast Search Via Open Innovation Intermediaries: Multi – method Research on Organizational Success Factors [D]. 2015.

[94] 李文元, 向雅丽, 顾桂芳. 创新中介在开放式创新过程中的功能研究——以 InnoCentive 为例 [J]. 科学学与科学技术管理, 2012, 33 (4): 54 – 59.

[95] 吴汉荣. 技术转移服务创新模式研究——以意大利 Innova 集团为例 [J]. 科学管理研究, 2014 (3): 117 – 120.

[96] 韩颖颖, 樊文强, 王志博. 开放创新中介网站特征、案例及启示 [J]. 知识管理论坛, 2016 (1): 47 – 52.

[97] Krishnan R, Martin X, Noorderhaven N G. When Does Trust Matter to Alliance Performance? [J]. Academy of Management Journal, 2006, 49 (5): 894 – 917.

[98] Poppo L, Zhou K Z, Rhu S. Alternative Origins to Interorganizational Trust: An Interdependence Perspective on the Shadow of the Past and the Shadow of the Future [J]. Social Science Electronic Publishing, 2008, 19 (1): 39-55.

[99] Dyer J H, Chu W. The Determinants of Trust in Supplier - Automaker Relationships in the U. S. , Japan and Korea [J]. Journal of International Business Studies, 2000, 31 (2): 259-285.

[100] Rempel J K, Holmes J G, Zanna M P. Trust in Close Relationships [J]. Journal of Personality & Social Psychology, 1985, 49 (1): 95-112.

[101] Ganesan S. Determinants of Long - term Orientation in Buyer - seller Relationships [J]. Journal of Marketing, 1994, 58 (2): 1-19.

[102] Sako M, Helper S. Determinants of Trust in Supplier Relations: Evidence from the Automotive Industry in Japan and the United States [J]. Journal of Economic Behavior & Organization, 1998, 34 (3): 387-417.

[103] Sabel C F. Studied Trust: Building New Forms of Cooperation in a Volatile Economy [J]. Human Relations, 1993, 46 (9): 1133-1170.

[104] Jong G D, Woolthuis R K. The Institutional Arrangements of Innovation: Antecedents and Performance Effects of Trust in High - Tech Alliances [J]. Industry & Innovation, 2008, 15 (1): 45-67.

[105] Mao J Y, Lee J N, Deng C P. Vendors' perspectives on Trust and Control in Offshore Information Systems Outsourcing [M]. Elsevier Science Publishers B. V. , 2008.

[106] 陈守明, 韩雪冰, 赵小平. 影响制造企业对生产性服务企业信任的因素——基于中国汽车制造业的实证研究 [J]. 财贸研究, 2008,

19（3）：116-124.

［107］曹玉玲，李随成. 企业间信任的影响因素模型及实证研究［J］. 科研管理，2011，32（1）：137-146.

［108］陈佳丽，戚桂杰，周蕊. 基于开放式创新平台的创新中介能力构建和演进——以众研网为例（待出版）［J］. 中国科技论坛，2018.

［109］曹光明，江若尘. 基于信任机制的生产外包合作关系治理研究［J］. 天津商业大学学报，2009，29（1）：31-36.

［110］张洁音. 区域性知识市场网络化中介能力研究——以浙江技术市场为例［J］. 科技进步与对策，2015（13）：42-46.

［111］Delone W H, Mclean E R. The DeLone and McLean Model of Information Systems Success: A Ten-Year Update［J］. Journal of Management Information Systems, 2003, 19（4）: 9-30.

［112］Morgan R M, Hunt S D. The Commitment-trust Theory of Relationship Marketing［J］. Journal of Marketing, 1994, 58（3）: 20-38.

［113］Handfield R B, Bechtel C. The Role of Trust and Relationship Structure in Improving Supply Chain Responsiveness［J］. Industrial Marketing Management, 2002, 31（4）: 367-382.

［114］Stump R L, Heide J B. Controlling Supplier Opportunism in Industrial Relationships［J］. Journal of Marketing Research, 1996, 33（4）: 431-441.

［115］Fornell C, Larcker D F. Structural Equation Models with Unobservable Variables and Measurement Error: Algebra and Statistics［J］. Journal of Marketing Research, 1981, 18（1）: 39-50.

［116］Nunnally J C, Bernstein I H. Psychometric Theory（3rd Edition）［M］. New York: McGraw-Hill, 1994.

［117］Mayer R C, Davis J H. The Effect of Performance Appraisal System on Trust for Management: A Field Quasi – Experiment [J]. Journal of Applied Psychology, 1999, 84 (1): 123 – 136.

[118] Hair J F, Hult G T M, Ringle C M, Sarstedt M. A Primer on Partial Least Squares Structural Equation Modeling (PLS – SEM) (Second edition) [M]. Los Angeles: Sage Publications, 2017.

[119] Cenfetelli R T, Bassellier G. Interpretation of Formative Measurement in Information Systems Research [J]. MIS Quarterly, 2009, 33 (4): 689 – 707.

[120] Hair J F, Sarstedt M, Ringle C M, Mena J A. An Assessment of the Use of Partial Least Squares Structural Equation Modeling in Marketing Research [J]. Journal of the Academy of Marketing Science, 2012, 40 (3): 414 – 433.

[121] Gefen D, Rigdon E E, Straub D W. An Update and Extension to SEM Guidelines for Administrative and Social Science Research. Editorial Comment [J]. MIS Quarterly, 2011, 35 (2): III – XII.

[122] Cohen J. Statistical Power Analysis for the Behavioral Sciences. 2nd ed [M]. Mahawah, NJ: Lawrence Erlbaum Associates, 1988.

[123] Enkel E, Gassmann O, Chesbrough H. Open R&D and Open Innovation: Exploring the Phenomenon [J]. R & D Management, 2009, 39 (4): 311 – 316.

[124] 邱静, 马苏德, 劳曼尼. 开放式创新: 借助"外脑"提高创新效率 [J]. 中国工业评论, 2015 (8): 22 – 28.

[125] Melville N, Kraemer K, Gurbaxani V. Review: Information Technology and Organizational Performance: An Integrative Model of IT Business Value [J]. Mis Quarterly, 2004, 28 (2): 283 – 322.

[126] Piller F T, Walcher D. Toolkits for Idea Competitions: A Novel

Method to Integrate Users in New Product Development [J]. R & D Management, 2010, 36 (3): 307 – 318.

[127] 崔淼, 欧阳桃花, 徐志. 基于资源演化的跨国公司在华合资企业控制权的动态配置——科隆公司的案例研究 [J]. 管理世界, 2013, (6): 153 – 169.

[128] Gangi P M D, Wasko M. Steal My Idea! Organizational Adoption of User Innovations from a User Innovation Community: A Case Study of Dell IdeaStorm [J]. Decision Support Systems, 2010, 48 (1): 303 – 312.

[129] 彭新敏, 吴晓波, 吴东. 基于二次创新动态过程的企业网络与组织学习平衡模式演化——海天1971~2010年纵向案例研究 [J]. 管理世界, 2011 (4): 138 – 149.

[130] Barney J. Firm Resources and Sustained Competitive Advantage [J]. Journal of Management, 1991, 17 (1): 3 – 10.

[131] Sırmon D G, Hitt M A. Managing Resources: Linking Unique Resources, Management, and Wealth Creation in Family Firms [J]. Entrepreneurship Theory & Practice, 2010, 27 (4): 339 – 358.

[132] Sirmon D G, Hitt M A, Ireland R D. Managing Firm Resources in Dynamic Environments to Create Value: Looking inside the Black Box [J]. Academy of Management Review, 2007, 32 (1): 273 – 292.

[133] Cui M, Pan S L. Developing Focal Capabilities for E – commerce Adoption: A Resource Orchestration Perspective [J]. Information & Management, 2015, 52 (2): 200 – 209.

[134] 许晖, 张海军, 王琳. 价值驱动视角下制造企业服务创新能力的构建机制——基于艾默生网络能源（中国）的案例研究 [J]. 管理案例研究与评论, 2014, 7 (4): 269 – 282.

[135] 许晖, 张海军. 制造业企业服务创新能力构建机制与演化路径研究 [J]. 科学学研究, 2016, 34 (2): 298-311.

[136] Dehning B, Stratopoulos T C. Determinants of a Sustainable Competitive Advantage due to an IT-enabled Strategy [J]. Journal of Strategic Information Systems, 2003, 12 (1): 7-28.

[137] Holsapple C W, Wu J. A Resource-based Perspective on Information Technology, Knowledge Management, and Firm Performance [J]. Business Information Systems Concepts Methodologies Tools & Applications, 2009.

[138] Bharadwaj S, Bharadwaj A, Bendoly E. The Performance Effects of Complementarities between Information Systems, Marketing, Manufacturing, and Supply Chain Processes [M]. INFORMS, 2007.

[139] Liang T P, You J J, Liu C C. A Resource-based Perspective on Information Technology and Firm Performance: A Meta Analysis [J]. Industrial Management & Data Systems, 2010, 110 (8): 1138-1158.

[140] Eisenhardt K M. Building Theories from Case Study Research [J]. The Academy of Management Review, 1989, 14 (4): 532-550.

[141] Yin R, Thousand S. Case Study Research: Design and Methods (4th ed) [M]. Blackwell Science Ltd, 2009.

[142] Pettigrew A M. Longitudinal Field Research on Change: Theory and Practice [J]. Organization Science, 1990, 1 (3): 267-292.

[143] Lopez-Vega H. How Demand-driven Technological Systems of Innovation Work? The Role of Intermediary Organizations [C]. Proceedings of the DRUID-DIME Academy Winter 2009 Conference, 2009.

[144] 张晶, 黄京华, 高皓. 基于资源观的企业IT价值综合模型 [J]. 科学学与科学技术管理, 2010, 31 (2): 130-136.

[145] Orlikowski W J. The Duality of Technology: Rethinking the Concept of Technology in Organizations [J]. Organization Science, 1992, 3 (3): 398 – 427.

[146] 王希良, 柳洲. 科技中介机构"市场化"发展的需求与对策 [J]. 科学管理研究, 2011, 29 (5): 45 – 48.

[147] 李勇. 福州市科技中介服务体系建设对策思考 [J]. 厦门科技, 2005 (1): 53 – 56.